RACIOCÍNIO CRIATIVO NA PUBLICIDADE

Stalimir Vieira

RACIOCÍNIO CRIATIVO NA PUBLICIDADE

SÃO PAULO 2016

*Copyright © 2007, Editora WMF Martins Fontes Ltda.,
São Paulo, para a presente edição.*

6ª edição *2016*

Acompanhamento editorial
Helena Guimarães Bittencourt
Preparação do original
Luzia Aparecida dos Santos
Revisões gráficas
Solange Martins
Ana Maria de O. M. Barbosa
Dinarte Zorzanelli da Silva
Produção gráfica
Geraldo Alves
Paginação
Moacir Katsumi Matsusaki

Dados Internacionais de Catalogação na Publicação (CIP)
(Câmara Brasileira do Livro, SP, Brasil)

Vieira, Stalimir
 Raciocínio criativo na publicidade / Stalimir Vieira. – 6a. ed.
– São Paulo : Editora WMF Martins Fontes, 2016.

 ISBN 978-85-469-0033-6

 1. Comunicação 2. Criatividade 3. Publicidade I. Título.

16-00684   CDD-659.1

Índices para catálogo sistemático:
1. Criação publicitária : Administração   659.1
2. Publicidade : Raciocínio criativo : Administração   659.1

Todos os direitos desta edição reservados à
Editora WMF Martins Fontes Ltda.
Rua Prof. Laerte Ramos de Carvalho, 133 01325-030 São Paulo SP Brasil
Tel. (11) 3293-8150 Fax (11) 3101-1042
e-mail: info@wmfmartinsfontes.com.br http://www.wmfmartinsfontes.com.br

A Ignez, minha mãe, e Lúcio, meu pai,
que me ensinaram os descaminhos
da paixão e da utopia.
In memoriam

"Ser feliz é viver morto de paixão."
Vinícius de Moraes

Índice

Apresentação IX

RACIOCÍNIO CRIATIVO
NA PUBLICIDADE

Introdução 3

O raciocínio criativo na publicidade ... 11

Apresentação

O MELHOR JEITO DE COMEÇAR

Uso o *Raciocínio criativo na publicidade* em meus cursos porque é o único livro no Brasil (pelo menos que eu conheça) que dá aquela introdução necessária sobre o que é ser um profissional de criação. O texto do Stalimir põe por terra, por exemplo, a idéia de que criação é apenas inspiração ou mediunidade, o que muitos alunos não sabem. Stalimir trabalha muito bem o começo do processo criativo sem cair na clássica abordagem psicológica. Outra virtude do livro é enfatizar a necessidade constante do futuro profissional de buscar mais e melhores informações, sempre. O *Raciocínio criativo na publicidade* também trabalha perfeitamente os diversos tempos que existem entre o problema e a solução criativa: o *briefing*, as maneiras de abordar o problema, a desmontagem do *briefing*, o processo combinatório da criação, as pausas necessárias, o momento de avançar, recuar ou começar de novo. Tudo isso sem *glamour*, o que é ótimo. O livro diz o tempo todo que o que fazemos é trabalhar, buscando referências, melhorando a qualidade das informações, observando o que está ao nosso redor, questionando, valorizando o que vimos, ouvimos, vivemos e sentimos. Como se não bastasse, Stalimir ainda mostra como foram resolvidos alguns desafios criativos e dá instruções precisas (e preciosas) sobre a atitude e o comportamento do futuro profissional na hora de procurar trabalho. É um livro prático de idéias. E um livro que mostra que sem inteligência, curiosidade e informação não há boa propaganda. É uma introdução perfeita para uma das profissões mais concorridas do mundo. Stalimir consegue mostrar um caminho verdadeiro, ético e eficaz para a nossa profissão. Aliás, o único caminho em que eu acredito como profissional e professor: o caminho do trabalho. É um ótimo começo. Os alunos adoram o livro – e, o que é melhor, entendem o livro. E mudam com ele.

SÉRGIO MENEZES
Professor de redação publicitária
das Faculdades Curitiba.

RACIOCÍNIO CRIATIVO
NA PUBLICIDADE

Introdução

Tudo na vida tem um começo. O meu foi assim: eu sonhava ser jornalista. Aos 8 anos, ganhei o primeiro lugar num concurso chamado "O que eu quero ser quando crescer", patrocinado pela Rádio Difusora de Porto Alegre. Na verdade, eu não tinha 8 anos, mas 13, e ganhei o segundo lugar. Mas aprenda: em publicidade, é muito comum mentir a respeito de coisas que ninguém vai ter a paciência de checar. É verdade que naquele concurso fui bastante esperto ao dizer que queria ser jornalista, já que o júri era de jornalistas. Mas um sujeito foi mais esperto do que eu, e escreveu que queria ser general do exército. Estávamos em 1967, que tal? Em plena ditadura militar. Levou a bicicleta, e eu tive de me conformar com uma coleção de livros. (Hoje fico pensando: será que ganhei, mas o dono da rádio resolveu interferir e dar o prêmio para o pretendente a milico?) Com o tempo, descobri que Deus escrevera certo por linhas tortas: os livros, afinal, teriam muito mais utilidade para mim. Como eu dizia, queria ser jornalista, mas não passei no vestibular. Aliás, não existe coisa mais idiota do que vestibular para jornalismo, sociologia, publicidade... Fui reprovado em química, física, biologia e matemática. Naquele tempo não havia as "ESPMs" e "FAAPs" da vida, em cujo vestibular você só não passa se não conseguir fugir do hospício em que estiver internado nos dias das provas. Acabei arranjando um emprego em hotelaria. Trabalhei no Intercontinental do Rio e no Othon de Salvador, na Bahia, uma vivência de grande valor, pela possibilidade de trocar experiências com gente do mundo inteiro.

Vamos voltar um pouco no tempo para entender o que acabou acontecendo comigo depois. No primário e no ginásio, sempre fui bom em redação, chamada na época de composição (pois é, parece coisa de música – composição musical –, mas era assim que a professora se referia aos textos que a gente criava, a partir dos temas que ela escrevia na lousa ou no quadro-negro). Bem, vamos misturar tudo: um primo que dirigia a criação de uma agência de publicidade, em Porto Alegre, e acompanhara minha trajetória escolar, resolveu me chamar de

Salvador (não chamar a mim de Salvador, mas chamar-me da cidade de Salvador, onde eu estava), depois de várias tentativas de contratar um redator. Tive sorte: meu primo me agüentou por um ano escrevendo bobagens sem nenhuma serventia. Em compensação, não me pagava nada, é verdade. É digna de registro a impressão que eu tinha nessa época de ser um talento desperdiçado, alguém anos-luz à frente dos outros, incompreendido no arrojo de suas propostas. Andava de *jeans* furado, bolsa de couro a tiracolo, sandálias, tinha os cabelos nos ombros, me achava "fatal" e ostentava um ar sombrio de poeta alternativo. Um ano depois, quando já estava pensando que não servia para a coisa, meu primo me contratou. Foi então que compreendi a questão do amadurecimento, do ponto certo, do salto de qualidade. É assim mesmo: você rala, rala, rala e, quando pensa que foi tudo em vão, descobre, ou descobrem, que está pronto para começar. Ter passado por isso e registrado esse momento com muita clareza foi fundamental para conduzir meu convívio com estagiários, algo que se tornaria corriqueiro anos depois.

Dando um salto no tempo, em 1981 comecei a trabalhar na DPZ, em São Paulo, objeto do desejo de nove entre dez clientes, sonho dourado de qualquer profissional ou candidato a profissional, enfim, a locomotiva que ditava modas e estilos, a agência mais brilhante do país. Ali estava Washington Olivetto, no auge da carreira, estimulado pelo Petit, escrevendo roteiros geniais, ligando em seguida para os clientes para aprová-los, para desgosto dos profissionais de atendimento ao cliente; hábil em seus contatos com os jornalistas para fazer seus roteiros e seu talento virarem notícia. Um andar acima, junto com Zaragoza, estava Neil Ferreira, *cult* entre redatores gaúchos. À minha esquerda, Lawrence Kilinger, Nelo Pimentel, Helga Mietke; à minha frente, Murilo Felisberto, o responsável pelo *Jornal da Tarde* que encantou São Paulo e o Brasil com sua diagramação atrevida. Enfim, um punhado de feras de fazer inveja.

Como eu dizia, em 1981, os estagiários passaram a fazer parte de minha vida na DPZ, quando o Washington, então meu diretor de criação, resolveu que eu ia tomar conta deles. É assim mesmo: o último a chegar cuida dos estagiários, principalmente se for de fora e estiver meio perdido na cidade grande. Lembro bem de uma menina, bonitinha, bem nutrida e bem vestida. Típica burguesinha, de nariz empinado, cheia de si, do tipo "sabe, meu pai é amigo do Roberto (Duailibi)..." Aliás, por essas e outras algumas vezes me sentia como um adestrador de cachorrinhos de madame. Encarreguei essa moça de ficar pensando num título de anúncio. Ela trabalhou bastante e, no final do dia, me mostrou a produção. Sublinhei os melhores e pedi que desenvolvesse aquelas idéias. Na manhã seguinte, mostrou-me o resultado de seu trabalho. Realmente, alguma coisa boa, considerando o momento. Elogiei e toquei minha vida. O anúncio acabou saindo com um título de minha autoria. Ah, vocês não sabem, no outro dia, a garota me acusou: disse que eu a havia traído. Eu disse a ela que, quando falara que o título era bom, quis dizer para aquele momento de sua carreira, mas não o suficiente para ser veiculado. Ficou emburrada. Depois descobri o porquê: a moça tinha dito em casa, para a família, que iria sair no jornal um anúncio criado por ela. Ora, por que não falou antes?...

Lembro de outro caso, o de uma garota absolutamente deslumbrada, encantada, maravilhada com a publicidade e os publicitários. Entregaria prata e ouro só para estar ali, no meio daquelas pessoas, que ela julgava as mais geniais que a suprema inteligência de Deus poderia ter criado. Passava o dia inteiro olhando e babando; de vez em quando, era preciso dar-lhe uns beliscões para que ela caísse em si e trabalhasse. Certo dia, entrou um contato esbaforido na sala, dizendo que precisava apresentar um anúncio dali a uma hora. Era um anúncio de jornal para uma loja de varejo; se não me engano, a Fotoptica. Imediatamente, sentei diante da máquina de escrever e toquei a empilhar títulos. Enquanto isso, o diretor de arte já ia traçando um *layout* a lápis sobre o papel vegetal. Na época, não tínhamos os computadores com seus *scanners* e *fotoshops* milagrosos. Só sei que em pouco mais de meia hora estávamos entregando o rafe (*rough*) para o atendimento. O anúncio foi aprovado, produzido e seria veiculado no dia seguinte. Foi então que nossa simpática estagiária disse, com o olhar perdido e quase aos prantos: "Ai, como eu queria ser assim." Chocado, perguntei: "Assim como?" E ela: "Assim... como vocês... rápidos, num instante já criaram..." Insisti: "Como assim?" A estagiária, gesticulando: "É... vocês não precisam nem pensar muito... Eu chego em casa, penso, penso, penso e não sai nada." Eu, cada vez mais curioso: "Mas pensa em quê?" Ela: "Ah, sei lá... qualquer coisa..."

Algumas conclusões: no primeiro caso, a ansiedade e a presunção atropelaram a estagiária. No segundo, a ingenuidade e uma falsa impressão a respeito da profissão fizeram a moça acreditar que a criação publicitária é resultado de repentes mediúnicos só permitidos a alguns abençoados por Deus. Então, vamos esclarecer umas coisinhas para que você não cometa as mesmas besteiras em seus estágios. Em primeiro lugar, comporte-se. O mundo da publicidade, apesar de todas as frescuras, de todo o exibicionismo, de todo o egocentrismo e de toda a excentricidade, costuma avaliar com muita crueldade quem tem ou não o direito de ser assim. Portanto, não coloque o carro na frente dos bois. Primeiro, torne-se um bom profissional, depois faça seu estilo maluquinho ou metidinho, se achar que isso é mesmo necessário. Se você for bonito ou bonita e filho de anunciante, o cuidado deve ser redobrado. Não se deslumbre com o elogio fácil, não ponha as manguinhas de fora, não encha o saco de seu orientador só porque ouviu um galanteio do criativo famoso ou do dono da agência. Na verdade, a única pessoa efetivamente preocupada com seu futuro é aquele sujeito mal-humorado que precisa agüentar você o dia inteiro, pentelhando com perguntas bobas e escrevendo títulos mais bobos ainda. Quanto mais valorizar o tempo dele, maior será a boa vontade com você. Lembre-se sempre: por mais que se diga o contrário, estagiário atrapalha, sim! Por isso, conquiste seu tempo e seu espaço com educação, com simpatia, com respeito e com muito esforço.

O raciocínio criativo na publicidade

Na criação publicitária não existe milagre nem magia. A qualidade de seu trabalho será diretamente proporcional a seu esforço em obter informação e a sua habilidade em combinar dados. Quais informações? Que tipo de dados? É o seguinte: no processo de criação, trabalha-se com dois tipos de dados. Um diz respeito ao objeto do *briefing* que está a sua frente. Ali estão as intenções do *marketing* de atender a determinada expectativa identificada no mercado consumidor. Ou seja, num processo mais completo, a pesquisa detecta uma oportunidade, a engenharia de produção desenvolve o produto para atender a ela e o *marketing* define um conceito racional (a intenção: como quero ser percebido pelo consumidor). Cabe, então, à agência de publicidade o papel de tradutora e intérprete da intenção do *marketing* para o público-alvo, momento em que nasce o conceito de comunicação, raiz de todas as peças publicitárias. O outro tipo de dado com que você vai trabalhar são as informações acumuladas ao longo da vida – leituras, filmes, debates, observações, vivências e milhões de outras, inclusive algumas recebidas ainda no útero de sua mãe –, que vão permitir as diversas associações entre os propósitos racionais do *briefing* e as possibilidades emocionais da mensagem publicitária. É isso que vai fazer a diferença. Os anunciantes procuram as agências mais criativas porque sabem que precisam provocar algum tipo de emoção para atrair a atenção das pessoas para sua mensagem. Se não houvesse essa necessidade, tudo seria muito simples: os anunciantes veiculariam seus *briefings*, e pronto. Os consumidores leriam todos eles e fariam suas opções baseados em critérios totalmente racionais. Mas não é assim: é preciso empatia para vender.

Por exemplo, digamos que um fabricante de creme dental faça uma pesquisa que busque identificar alguma carência do consumidor e detecte o seguinte: as pessoas acham que desperdiçam muita pasta de dentes no fundo da embalagem convencional.

A engenharia de produção, de posse desses dados, desenvolve um projeto de embalagem com dois bicos de saída. Até a metade o consumidor usa um e, depois, passa a usar o outro, sem desperdiçar nada. O *marketing* desenvolve um conceito: "Quero que meu produto seja percebido como o creme dental que vem numa embalagem que não desperdiça pasta", chama a agência e lhe passa esse *briefing*. Caberá aos publicitários, então, o papel de tradutores e intérpretes, para o público, de uma intenção de *marketing*. Aí entram a técnica da comunicação e o talento criativo.

Como se faz? Provavelmente, é isso o que os professores dos cursos de publicidade vêm tentando explicar há muito tempo, o que gostariam de saber certas pessoas encantadas com a possibilidade de ingressar no glamouroso mundo da publicidade e também, certamente, muitos clientes que adorariam não precisar mais gastar tanto dinheiro com as agências. Enfim, é o que pretendo examinar aqui. Não custa lembrar, antes de mais nada, àqueles que adoram uma formulazinha pronta para decorar: se vocês têm essa expectativa aqui, pegaram o bonde errado. Não existe fórmula para ser criativo. Em publicidade ou fora dela. Na verdade, o que deve existir é uma atitude aberta à informação, o estímulo à sensibilidade, o cultivo da oportunidade de reflexão.

A criatividade é um estado latente em todos nós; não a ignorássemos tanto, não a desprezássemos tanto, não a maltratássemos tanto, provavelmente muitos mais de nós comporíamos o palco das pessoas chamadas iluminadas. Pode-se dizer que iluminado é aquele que não deixa faltar em sua lamparina o combustível que alimenta a chama. E obscuro aquele que nem sequer sabe que tem uma lamparina e, pior, tanto se acostumou às trevas que nem ao menos sente falta da luz. Se eu não conseguir servir de combustível para suas lamparinas, quero, pelo menos, ensiná-los a sentir falta da luz.

Somos todos, de uma maneira ou de outra, vítimas de uma brutal interferência da mídia em nossas vidas, da difusão de dados organizados para nos induzir a procedimentos que atendam a interesses comerciais ou políticos. Ou seja, a mídia, aqui, é a manipulação da vontade dos outros. Quando você liga sua rádio preferida de *rock*, o locutor fala rápido, num tom apocalíptico, cheio de efeitos sonoros, sobre um *show* que "você não pode perder". Sua mente recebe um pacote pronto de informações a respeito de algo que, a princípio, lhe interessa. Todos os qualificativos são utilizados, acrescidos de possibilidades fantásticas de prazer e indicativos de perda e exclusão social, caso você não vá (do tipo "quem perder, tá fora"; "quem não for, dançou";

ou, pior, "só 'bundão' fica em casa"). Parece mesmo que aquele cara é assim, fala desse jeito, o texto lhe é natural, mas, na verdade, todo o texto e sua forma de apresentação são um produto elaborado para negar a possibilidade de reflexão. A carga de informação oferecida em pouco tempo, com ênfase em determinadas passagens, inclusive repetidas vezes, segue o princípio do camelô. O camelô sabe que seu produto não se sustenta ao primeiro questionamento independente. Então, fala sem parar das "qualidades" de seu produto, enaltece com entusiasmo os benefícios, impedindo qualquer raciocínio do potencial comprador.

(Outro dia, num aeroporto, uma senhora me abordou oferecendo oito meses de assinatura grátis de uma revista semanal. No melhor espírito de repórter, dei-lhe corda: "Oito meses grátis? Que legal." Então, ela demonstrou a equação para a qual tinha sido treinada por seu gerente de vendas: "Veja só: a revista está custando x nas bancas, mas é um preço promocional. Daqui a tantos números, o preço vai aumentar para y. Se o senhor fizer uma assinatura por um ano, agora, aqui, comigo, o preço unitário da revista vai cair para z, ainda mais baixo que x, que é o preço antes do aumento. Isso significa que, com relação ao novo preço de banca – y –, o senhor estará recebendo oito meses de revista de graça." Me fiz de bobo: "Quer dizer, então, que começo a receber as revistas já e só começo a pagar as mensalidades da assinatura a partir do nono mês?" É claro que não era nada disso, na verdade ela estava apenas me oferecendo uma assinatura com um determinado desconto, mas a ênfase, o chamariz, a isca estava em "oito meses de graça".)

Voltando ao nosso *show* de *rock*, digamos que você aceitou, "sem pensar", a mensagem e foi até lá, onde milhares de watts e centenas de decibéis continuam a impedir que você pense; algumas garotas ou garotos atraentes, muitas cervejas (em alguns casos, um baseado ou uma carreira de cocaína) tornam você ainda menos reflexivo e mais instintivo. Bêbado, excitado e, quem sabe, drogado, você estará parecendo mais bicho do que gente.

No final da noite, depois de vomitar um bocado pelas calçadas, será deixado em casa, onde vai "apagar" por umas 24 horas. Mais 24 horas sem pensar. Então, vai acordar com uma cara horrível e, imediatamente, ligar a televisão na MTV e ver um monte de sujeitos com a mesma cara que você está agora, tocando e cantando. E você se sentirá aliviado, apesar da dor de cabeça, por estar avalizado pela mídia. É isso: a mídia usa e ampara. Porque ela não quer perder você. Na verdade, é você quem está perdendo a si mesmo, na medida em que sua segurança já não se baseia em sua própria capacidade de reflexão, mas apenas nos estímulos que a mídia lhe oferece.

Com esses comentários, não tenho a menor intenção de bancar o paizão de ninguém ou dar lição de moral. O assunto aqui é técnico. Já que você pretende ser um publicitário criativo, aceite que vai ter de mudar de lado no balcão. Para isso, antes de você se tornar outra coisa em sua relação com o *marketing*, precisa entender o que é agora nessa relação. Lá atrás, eu disse que o potencial criativo está presente em todos nós. E que só não se desenvolve porque o tratamos pior que cachorro. Com essa história do *show* de *rock*, quis ilustrar a tese. Então não se deve ir a *shows* de *rock*? Sei lá, isso vai do gosto de cada um. Eu, particularmente, gosto de algumas bandas, embora não tenha o menor saco de ir a *shows*, não pelo *show* em si, mas exatamente pela exploração que se dá em torno dele. Na verdade, o que quero dizer é que devemos dedicar tempo ao estímulo de nossa sensibilidade para que ela nos corresponda com inspiração criativa. Parece simples? É muito simples e muito complexo. Quando você liga o rádio e ouve o anúncio do *show* de *rock*, mas não pensa no que está ouvindo, apenas cumpre a ditadura da mídia e passa a "gostar" da idéia de ir ao *show*, está fazendo exatamente o que a mídia quer que você faça: mais do que ir ao *show*, "gostar" da idéia de ir ao *show*. Só que gostar aqui não é propriamente um sentimento seu, não é produto de sua sensibilidade. Trata-se de "gostar" no sentido de "enquadrar-se em busca de segurança". Esse artificialismo na motivação de seu comportamento é que o afasta do processo criativo. A criatividade exige paixão sincera. E a paixão mais sincera nasce da absoluta lucidez. E o que é lucidez senão iluminação, aquela iluminação de que falamos? Você já percebeu que toda pessoa apaixonada se torna, de repente, capaz de escrever pensamentos e poesias? Mesmo alguém que nunca teve a menor vocação para isso. Que força é essa que a faz contrariar todas as definições que a davam como incapaz de expressar, com precisão romântica, seus sentimentos? É a força do compromisso, do envolvimento profundo, do real engajamento na relação com outra pessoa ou com alguma causa. É isso que acende a luz e mostra toda a riqueza de que dispomos. É como se estivéssemos no escuro, morrendo de fome, sem esperanças e, de repente, alguém acendesse a luz e descobríssemos um grande banquete à nossa volta, que sempre estivera ali, só que não enxergávamos. Assim se dá no processo criativo.

Paixão é o que nos move, ou o que nos deveria mover. Não se diz que a fé remove montanhas? Pois fé é paixão. Para dar uma oportunidade a nosso potencial criativo, primeiro temos de ser apaixonados por nós mesmos (acredite, tem gente que não é) e depois pelo resto (ou seja, pelo que não somos), independentemente de ser feio, bonito, simpático, antipático, amigo ou inimigo... Enfim, devemos ser apaixonados pela vida, como fonte de inspiração e objetivo do produto de nossa criatividade. Paixão é mais do que gosto. É encantamento. E você pode encantar-se com algo que abomina, justamente pelo tanto que esse algo consegue ser abominável. Como costumo dizer, um criativo genuíno não tem inimigos, tudo é motivo de inspiração (inclusive, entende que uma vida cercada de gente parecida com ele mesmo seria o cúmulo da chatice). As diferenças, as dualidades, as contradições, as ambigüidades são estímulos fantásticos à produção criativa, pois, uma vez encaradas com admiração verdadeira, induzem à reflexão, esse exercício vital para o desenvolvimento da "musculatura" da inteligência. Certa vez, encontrei numa revista absolutamente despretensiosa o seguinte título de uma matéria médica: "Mente em atividade evita demência". Ah, não tive dúvidas, recortei e colei na parede. É isso: do mesmo jeito com que freqüentamos academias de ginástica para manter nosso corpo em forma, temos de fazer alguma coisa para manter nossa mente em forma. E qual é a ginástica da mente? É o exercício da inteligência. Se não fazemos exercícios físicos, perdemos mobilidade, enrijecemos, ficamos despreparados para qualquer circunstância que nos exija fôlego, como uma partida de futebol ou a necessidade de uma corrida ou mesmo de subir uma escada. Se não exercitamos nossa inteligência, ela também se contrai e, com isso, nossos horizontes diminuem e adotamos uma postura passiva diante da dinâmica da vida. E isso é o extremo oposto do desejo de um criativo. Para ele, o mistério que se esconde além das fronteiras do conhecimento é seu permanente desafio e sua feliz motivação.

Percebeu? O criativo é um apaixonado no atacado e no varejo. No atacado, por sua relação densa com a vida; ele é incapaz de ficar indiferente ao que vê a sua volta ou ao que fica sabendo, por meio de qualquer fonte de informação, da internet às fofocas dos vizinhos. Toda informação lhe estimula a reflexão, seja na busca de seu sentido, seja no exercício da combinação de dados ou, ainda, na formulação de alternativas às definições recebidas. O criativo é um trabalhador intelectual incansável. E isso não se traduz em sacrifício nenhum. Pelo contrário, pensar lhe é natural e necessário como respirar. E é um apaixonado no varejo quando, por força de estudo ou profissão, passa a ocupar-se, especificamente, de determinado assunto. Se, por exemplo, for funcionário do departamento de criação de alguma agência de publicidade, vai se apaixonar pelo *briefing* que receber. Vai comprar a briga, abraçar a causa. Sua curiosidade não se conformará com informações burocráticas, por mais precisas, por mais úteis que sejam. Ele quer mais: a resposta para a pergunta ainda não feita. Ele vai criar perguntas. Com isso, vai ouvir respostas novas e descobrir novos caminhos, possibilidades até então impensadas. O criativo é um desestruturador de fórmulas, de modelos conhecidos, de formatos convencionais. Ele quer experimentar o contrário (e se?), por isso pensa "ao contrário". Quando um criativo tem de criar um comercial, por exemplo, esta é a primeira coisa que ele se pergunta: como é que todo o mundo faz? Por que se pergunta isso? Ora, porque em sua reflexão já concluiu que, se todo o mundo faz do mesmo jeito ou obedece ao mesmo padrão, ainda que seja seguindo as mais respeitáveis recomendações da pesquisa, está desperdiçando alguma coisa, certo? Ele sabe que todo criativo é pago para maximizar o investimento em publicidade ou estabelecer a melhor relação custo/benefício para seus clientes. Aliás, é esse, exatamente, o conceito que as agências mais criativas vendem: um anúncio criativo é sempre mais barato que um anúncio convencional, embora essa avaliação não se expresse em números absolutos. Ou seja, um anúncio criativo pode até custar mais que um convencional, em compensação será sempre mais eficiente. Cabe, então, ao profissional de criação demonstrar isso na prática. E aí reside sua maior responsabilidade. Entre a lógica do "correto" e a lógica do risco, o criativo sempre recomenda a segunda. Que tal responsabilidade e risco dividindo o mesmo espaço? Essa aparente contradição é o grande tesão do criativo. Ser pago para correr riscos... desde que acerte. Mas o que poderia ser angustiante, para o verdadeiro criativo é pura diversão. E como ele se diverte? Naturalmente, e não trabalhando em uma banheira com seus sais e óleos prediletos, tomando um delicioso drinque, sendo massageado por escravas e eunucos. Como vimos, a grande diversão do criativo está em tudo o que a vida lhe propõe; está em encantar-se com a surpreendente multiplicidade de possibilidades que lhe apresenta a infinita combinação de dados da realidade. É isso que o encoraja: sua paixão e sua admiração por tudo. O criativo é um radar. Que ama ser um radar. E que ama o que capta.

Então, vamos nos divertir? Primeiro exercício: assistir a comerciais. Ah, mas isso a gente faz todo dia. Sim, mas agora é diferente. Vamos assistir a comerciais com "olhar técnico". E como é isso? Simples: é assistir a eles tentando identificar os *briefings* que os geraram. Como já vimos, toda ação publicitária carrega uma intenção de *marketing* e um conceito de comunicação, que, aliás, deve traduzir a intenção. Caso contrário, ela desaparece, tornando o comercial absolutamente inútil. Regra número um para a prática desse exercício: é proibido rir, chorar ou "comprar" a idéia. Comporte-se como um analista frio e calculista. Vamos lá: digamos que você está em 1982, liga a televisão e vê um avião. A câmera acompanha o vôo, tomando o avião de diferentes ângulos. Enquanto isso, ouve-se o diálogo em *off* de um casal ("em off" quer dizer que você apenas ouve o casal, sem vê-lo). A mulher fala: "Estamos descendo em Casablanca e você está triste?" O homem responde: "Já pensou? Tem Smirnoff em 143 países e vamos descer justamente em um que não tem..." Comentário da mulher: "Ah, a gente compra amanhã em Katmandu..." (anúncio criado pela DPZ). Então, numa palavra, qual a intenção do *marketing*? Que percepção deseja do consumidor? Qual conceito está buscando? (Na prática, o anunciante chama a agência e pede: criem uma campanha que traduza tal coisa para meu público-alvo. Essa "tal coisa" é o conceito que o *marketing* deseja para seu produto.) Vamos lá, numa palavra. Está difícil? Em mais palavras, então, sem maiores compromissos com a forma de dizer... "Ah, eles querem dizer que há Smirnoff em muitos países." Ótimo. Contudo, isso só terá um significado importante para a bebida se for percebido como benefício para o consumidor. (Afinal, que importância tem o fato de haver Smirnoff em muitos países se a maioria dos telespectadores que vamos atingir, mesmo entre nosso público-alvo, nunca irá, necessariamente, beneficiar-se diretamente disso?) Aqui entra a palavrinha mágica que o *marketing* deseja transmitir: internacionalidade. Esta sim é uma afirmativa que carrega uma "vantagem" perfeitamente realizável na mente de nosso telespectador. Que vantagem é essa? Prestígio. "Beber internacionalidade" dá prestígio ao consumidor. É isso o que vendemos, enfim: uma bela e agradável ilusão. Exatamente. Digamos que o criativo é um ilusionista, principalmente em alguns casos, por exemplo no das bebidas alcoólicas, em que não há benefício racional, mas às quais podemos agregar um definitivo benefício emocional. Percebeu? Nem você nem eu estivemos na sala em que o diretor de *marketing* ou o gerente de produto do anunciante conversou com o profissional de atendimento da agência e, mesmo assim, descobrimos exatamente o que eles conversaram. Aliás, só conseguimos esse resultado porque olhamos tecnicamente para o comercial e fizemos aquela troca de lado no balcão.

Mas até agora resolvemos apenas uma parte do enigma, relativa à intenção de *marketing*. Resta a outra parte, a que trata do conceito de comunicação que traduziu essa intenção, ou seja, o trabalho da agência. Tal conceito é a fórmula utilizada pela agência para angariar o interesse e a simpatia do telespectador pelo comercial e, conseqüentemente, pelo produto anunciado. Eu não disse que ao criativo cabe, exatamente, pensar "ao contrário"? Isto é, pensar de modo diferente do que, teoricamente, "deveria" pensar, do que normalmente qualquer outra pessoa pensaria? Então, imagine um comercial que mostre uma cena num restaurante no Japão, onde um casal bebe Smirnoff; a cena se funde com outra, em que um casal, num típico restaurante alemão, também bebe Smirnoff; e assim, sucessivamente, surgem situações que sugerem o consumo de Smirnoff em vários países. Ou então um comercial em que diferentes personagens brindam com Smirnoff, em diversos idiomas: *santé*, *pffist*, *salud*, *saluti*, *kampai* etc. Você concorda que, de uma forma ou de outra, eles estariam passando um conceito de internacionalidade? É verdade, só que esses comerciais trabalham o óbvio. Ora, se há Smirnoff no mundo inteiro, nada mais natural do que mostrar essa vodca sendo consumida no mundo inteiro. É correto.

A questão é que se espera da criação algo mais do que o correto, espera-se o surpreendente. E por quê? Apenas para que exibamos nossos dotes, mostremos como somos maravilhosamente espirituosos? Não, na verdade, a formulação criativa é uma necessidade vital na valorização do uso do espaço comercial. É sua função, mais do que demonstrar uma intenção de *marketing*, dramatizar essa intenção, a fim de torná-la memorável e, assim, otimizar o investimento feito pelo cliente naquele espaço. Por isso, no exemplo apresentado, nossos criativos pensaram "ao contrário" e nasceu o conceito de comunicação "país que não tem Smirnoff". Dizer que há Smirnoff em 143 países é uma informação relevante; citar um país que não tem Smirnoff é uma afirmação surpreendente. O conteúdo da informação continua o mesmo: há Smirnoff em muitos países. O que muda é a forma, que, em publicidade, tem a obrigação de quebrar a monotonia e emocionar o público, exatamente por trabalhar a informação de um jeito que ele não espera. Digamos que um dos profissionais de nossa equipe de criação teve a idéia que viria a gerar o conceito de comunicação "país que não tem Smirnoff". Isso parece bom, mas não é tudo: ainda é necessário compor um contexto adequado ao imaginário de nosso público, expressar-se num formato em que nossa intenção de *marketing* (internacionalidade) se traduza em "objeto do desejo". Daí os elementos "avião", "Casablanca" e "Katmandu" (viagem internacional, países exóticos, situados num ambiente entre a realidade e o sonho). Um casal, por sua vez, traduz prazer e conforto emocional: homem e mulher se completam. (É muito comum os profissionais de criação se divertirem com as análises detalhadas do raciocínio criativo, por não aceitarem que fizeram todo esse planejamento intelectual na realização da peça publicitária. É compreensível que, muitas vezes, reajam assim. O que estamos fazendo aqui é mais ou menos como analisar uma jogada sensacional de futebol que resulta em gol olhando o lance em câmera lenta e comentando cada movimento, isolado do resto, ao mesmo tempo que justificamos a interatividade entre todos os movimentos. Provavelmente, diante de um relatório desse tipo, a reação do jogador que fez o gol seria de espanto. Claro, ele lembra que dominou a bola, driblou um zagueiro, deixou outro no chão e chutou exatamente no canto em que o goleiro não esperava. E acha tudo isso muito natural. É claro que é natural... para quem sabe.)

Voltando a nosso comercial de Smirnoff, pensemos num outro detalhe: você notou o comportamento de nosso casal? É normal, ou seja, é um diálogo previsível? Não, é um diálogo absolutamente imprevisível: alguém triste por estar aterrissando em Casablanca, justificando essa tristeza por ser aquele um dos raros países onde não há Smirnoff, consolado por alguém que diz que não faz mal, pois no dia seguinte terão Smirnoff em Katmandu... é um diálogo um tanto incomum. Por que ele é assim? O que pretende traduzir? A intenção seria demonstrar que o personagem masculino é um alcoólatra que maldiz uma noite em que ficará privado de sua vodca? Brincadeiras à parte, na verdade o clima de nosso diálogo, um tanto *blasé*, procura passar descompromisso e relaxamento, condição daqueles que ou estão em férias ou vivem acima das agruras típicas do dia-a-dia do mais comum dos mortais (o maior problema do casal naquele momento é saber que não poderá chegar ao hotel em Casablanca, tirar os sapatos, servir-se de Smirnoff, esticar-se e experimentar o completo êxtase de sua viagem encantada). É isso, aliás, o que se pode chamar de objeto do desejo (quem não quer?). O ambiente (viagem internacional para lugares exóticos) transmite condição privilegiada; o tom *blasé*, por sua vez, traduz familiaridade com a condição privilegiada.

Resumindo: o produto Smirnoff está presente em 143 países. Diante desse fato, o *marketing* desenvolve o conceito de "internacionalidade". O conceito deve traduzir-se no benefício "prestígio" (beber internacionalidade dá prestígio). A criação da agência precisa dramatizar o fato "143 países". Ao pensar "ao contrário", chega ao conceito de comunicação "país que não tem Smirnoff" (mais surpreendente que a informação "143 países"). Trabalha a idéia no ambiente "objeto do desejo": avião, viagem exótica (Casablanca, Katmandu). Desenvolve diálogo *blasé* (relaxamento, descompromisso) entre o casal (complementação, conforto emocional). Ufa!

Separemos, agora, o que é informação fornecida pelo cliente e o que é informação própria do criativo, obtida em sua própria vivência. Estou indo muito rápido? Vamos respirar fundo e começar de novo. Bem, já dissemos que o pensamento criativo é resultado de dois tipos de dados: aqueles que você recebe, objetivamente, para atender a um *briefing* e os dados gerais que você obteve "historicamente", ao longo de sua vida. Que tal, então, tomar o exemplo do comercial da vodca Smirnoff e separar esses dois tipos de dados? São informações do *briefing*: o dado "143 países" e a intenção de *marketing* "internacionalidade que dá prestígio". Foi disso que dispôs o criativo para começar seu trabalho. O resto – avião, casal, Casablanca, Katmandu – foram deduções provenientes de sua cultura geral. Ao pensar "ao contrário" (atitude natural de quem busca uma forma original de expressar-se), o criativo respondeu com o conceito "país que não tem Smirnoff" à informação "143 países". *Ok*, "país que não tem Smirnoff" é uma idéia gerada por uma forma de pensar, mas não se basta. Embora seja a equação inicial de toda a estrutura criativa do comercial, ela cria uma necessidade nova de informação: "que país não tem Smirnoff?" (Lembra quando falei da busca do criativo pela pergunta que não foi feita? Enquanto, diante da afirmativa "143 países" a reação "normal" é "puxa, quantos, hein?", ao criativo ocorre a pergunta "que país não tem Smirnoff?") Desse ângulo, o processo de criação pode ser definido como um sistema de gerar respostas que geram perguntas que geram respostas que geram perguntas, sucessivamente. Um dos mais importantes sinalizadores da criatividade é o surgimento de problemas novos (não tenho resposta para isso; não estou preparado para responder a essa pergunta). É próprio dos medíocres exatamente evitar esses caminhos que invocam mais trabalho e mais pesquisa. O criativo genuíno não consegue evitá-los, é fatalmente atraído para eles. Pode-se dizer que a qualidade de um criativo pode ser mais bem avaliada pelas perguntas que ele faz do que pelas respostas que dá. Seguindo esse caminho, nosso criativo faz a pergunta que não foi feita: "que país não tem Smirnoff?", abrindo todo um espaço novo de oportunidades criativas. A pergunta criativa foi a chave. "Casablanca" pode ter sido uma resposta obtida junto ao cliente ou uma sugestão do próprio criativo, por saber que Casablanca fica em um país islâmico onde o consumo de bebidas alcoólicas é proibido. Katmandu, por sua vez, vem a ser o equivalente de Casablanca, em termos de viagem de sonho e exotismo, onde há Smirnoff. Assim, fecha-se uma lógica inventada, que dá ao roteiro a leveza necessária. A mulher poderia muito bem ter dito "amanhã a gente bebe em Paris", mas, certamente, não produziria o mesmo efeito, não traria a mesma carga dramática que se pretende numa história repleta de situações inusuais. Ao mesmo tempo que se perderia uma grande oportunidade de reafirmar que há Smirnoff em lugares que a gente nem imagina (Katmandu é um lugar assim). Assim, Casablanca e Katmandu, informações que passavam longe de qualquer racionalidade do *marketing*, são ingredientes fundamentais que transformaram informação pura e simples em emoção motivadora. E que foram acrescentados à estratégia de comunicação a partir da bagagem de informações ou da curiosidade do criativo.

Tem mais de trinta anos um anúncio americano do Fusca, chamado por eles de *beetle* (besouro), cujo título é: "Think small" [pense pequeno] (anúncio criado pela DDB). É um clássico, um dos anúncios mais citados do mundo, uma obra-prima da publicidade, uma grande sacada. Pensar grande era a palavra de ordem da época, cujos reflexos se fazem sentir até hoje (quantas vezes ouvimos ou demos conselhos desse tipo). Os Estados Unidos afirmavam-se como potência bélica, industrial e cultural, e isso era atribuído à capacidade dos americanos de "pensar grande". O fusquinha, por sua vez, era a antítese dos carrões americanos, mas atendia aos primeiros ensaios da solicitação de uma certa racionalidade, diante do crescimento acelerado das cidades, de suas dificuldades de trânsito e da necessidade de se tratar a questão do combustível já com um pouco mais de atenção.

Tudo isso, é provável, devia estar presente na mente do criativo ao receber o *briefing* para desenvolver um anúncio para aquele carrinho que, afinal, era a negação de tudo o que sonhava o consumidor americano. Era natural que ele imaginasse que nada de convencional funcionaria. A única maneira de penetrar corações e mentes e provocar algum tipo de comoção seria, exatamente, propor a quebra de um paradigma. Num país em que está arraigada a idéia de pensar grande, mesmo que para a maioria a materialização do pensamento seja improvável, nada mais surpreendente do que propor que se pense pequeno, provando que isso pode ser o mais adequado e o mais vantajoso. O que essa proposta criativa feita para a Volkswagen há cerca de trinta anos ("pense pequeno") tem em comum, em termos de estratégia de pensamento criativo, com a proposta feita para a Smirnoff, em 1982 ("país que não tem Smirnoff")? O "pensar ao contrário" da mente criativa: "pense grande" x "pense pequeno"; "143 países" x "país que não tem Smirnoff".

No final dos anos 70, a DPZ deu início a uma das mais longevas (você sabe o que é longevo? É o que dura muito; uma família de longevos se compõe de pessoas que vivem muitos anos) e bem-sucedidas campanhas publicitárias da história da propaganda brasileira: "o garoto Bombril". Carlos Moreno, ator de teatro, foi escolhido para ser o apresentador "oficial" dos anúncios da marca, ser a "cara" da Bombril. Franzino e tímido, Moreno era a negação do paradigma "apresentador sério, seguro, másculo e, em conseqüência, inspirador de confiança" então insistentemente oferecido às senhoras donas de casa. O grande mérito criativo da agência foi ter olhado para o quadro histórico dos anúncios voltados para essas mulheres, percebido a repetição do modelo galante, de voz grossa e cabelos cuidadosamente assentados com Glostora ou Gumex, e visto aí a oportunidade de propor um modelo diferente, antagônico: pensar "ao contrário". É claro que havia risco, como houve risco em propor "pense pequeno" a uma nação movida a "pensar grande". Mas a criação tem obrigação comercial e necessidade vital de correr riscos, o que, no entanto, não significa cometer irresponsabilidades. Ainda que procedendo de forma inovadora, a agência, ao propor Carlos Moreno às donas de casa, contava com a cumplicidade de um aspecto importante da personalidade feminina: a vocação maternal, de adotar e proteger o "mais fraco". E deu certo.

Portanto, "pensar ao contrário" não significa esquecer a adequação e a pertinência das propostas. O objetivo é exatamente exacerbar o aspecto dramático da forma. Essa forma de pensar, na verdade, acelera a condução dos meios de atingir os objetivos do *marketing*. Nunca andar em sentido oposto como, num momento de desatenção, poderia parecer. Quando afirmamos "país que não tem Smirnoff", estamos enaltecendo o conceito "143 países"; quando sugerimos "pense pequeno", estamos, na verdade, propondo que, no fundo, "pensar pequeno" é "pensar grande", no sentido subliminar de que "pensar pequeno", diante das circunstâncias, é "pensar inteligentemente". As pessoas têm essa percepção latente em suas mentes, e é com essa cumplicidade não combinada, porém intuída que conta o criativo.

Mas como chegou o criativo a essa condição privilegiada de, ao ler um *briefing*, com seus objetivos e informações racionais, despertar em sua mente uma porção de sinalizadores de caminhos e oportunidades para atender às expectativas do cliente? Bom, primeiro ele levou o *briefing* a sério. Cuidado: "levar a sério" aqui não é ler o *briefing* de cara amarrada. Nesse caso, levar a sério significa "ficar a fim", exatamente como quando uma menina está "a fim de um cara" ou um cara está "a fim de uma menina". A condição psicológica é a mesma. É um tipo de paixão. E o que é paixão? Independentemente do que diz o dicionário, paixão é uma coisa que mexe com a gente, transformando-nos de meros espectadores do que acontece em agentes absolutamente envolvidos. Em resumo, tira-nos da platéia e nos coloca no palco.

Na platéia, como você sabe, somos passivos, eventualmente reagimos ao que está acontecendo com risos, lágrimas ou aplausos. Já no palco, o papo é outro: estamos fazendo o espetáculo. Quando nos apaixonamos, vemo-nos, de repente, no palco, com a obrigação de interagir com os elementos de cena, de interferir no destino da trama; nossas palavras surtem efeito, o que ouvimos deve ser respondido, afinal não estamos assistindo, estamos fazendo a história. E tudo isso acontece naturalmente, embora muitas vezes nem nós acreditemos ser capazes. Lembro bem que cheguei a passar uma madrugada inteira dentro de um carro com a menina por quem estava interessado, ou envolvido, ou apaixonado. Se vocês me perguntarem de onde saía tanto assunto ou tanta motivação para os eventuais beijos e amassos que rolavam, hoje eu não saberia dizer. Mas, na ocasião, podem ter certeza, o tempo passava voando. E por que eu tinha essa impressão? Porque estava engajado. Quando você compra a idéia, se envolve com ela na plenitude de seus sentimentos, cinco horas passam muito rápido. Por um motivo muito simples: você está inspirado. E o que é a inspiração? É a sensibilidade excitada. É isso: ninguém fica "inspirado" para escrever um poema, de repente, num passe de mágica, ainda que possamos chamar, romanticamente, de "mágico" esse momento. O poema nasce de um "transbordar" da sensibilidade.

Como acontece de você chorar? As emoções vão se acumulando, acumulando, até que você não agüenta mais, ou seja, sua sensibilidade é provocada, excitada até "explodir". Afinal, por mais sensível que você seja, não vive chorando à toa pelos cantos, você precisa de um motivo. Digamos que, no caso da criação publicitária, o envolvimento com o *briefing* é o motivo que faz "transbordar" nossa sensibilidade em um "choro", chamado "expressão criativa".

Entretanto, se você não colaborar, excitando sua sensibilidade, sobre a qual nem você sabe exatamente o poder que tem, dificilmente terá a oportunidade de experimentar algum tipo de inspiração. Por isso, a capacidade criativa em publicidade começa bem antes de você encarar um *briefing* de verdade. Começa pelas chances que sua sensibilidade teve de ser provocada ao longo da vida. Pois você não "se inspira" diante de um desafio simplesmente porque ele, teoricamente, é "inspirador".

Na verdade, tudo na vida é potencialmente inspirador. A vida é inspiradora. Está em nós sentir, perceber isso e, assim, transformar esse potencial de emoção que faz parte de tudo o que está ao nosso redor em expressão de nossa sensibilidade, ao comungar com ele. Vocês podem dizer que o grau de sensibilidade varia de uma pessoa para outra, que inclusive há pessoas que não demonstram nenhuma sensibilidade. Tudo bem, só que isso não é uma situação inerente ao ser humano. Ou seja, não há pessoas que nascem sensíveis, enquanto outras nascem insensíveis. As diferenças são geradas ao longo da vida, resultado do tratamento que foi dado à sensibilidade de cada um. Naturalmente, uma criança que cresceu sendo espancada por um pai bêbado, abandonada pela mãe, que tenha rolado pelas ruas sofrendo todo tipo de agressão, terá seu coraçãozinho endurecido. Seu código de sobrevivência se traduz apenas em defender-se dos outros. Ela se fecha, embrutece seus sentimentos. No entanto, dê a essa mesma criança uma oportunidade, dê-lhe amor, proteção e aconchego, dê-lhe tempo e você verá sua sensibilidade aflorar. Mas não são só as crianças de rua que estão sujeitas a terem atrofiados seus sentimentos por causa da agressão e da falta de solidariedade. Crianças muito bem-nascidas, saudáveis, bonitas e bem-nutridas são também muitas vezes embrutecidas, em virtude de uma formação voltada para o egoísmo, o consumo, o interesse material e a competição. Tanto quanto uma criança de rua que, por exemplo, só se sente motivada diante de um cachimbo de *crack* (por ser seu único prazer), essa outra criança, que tem lar, família e a quem nada falta, só é feliz quando ganha alguma coisa de alguém ou quando sai vencedora de uma competição (por ter satisfeito o conceito de realização que lhe foi ensinado). Contudo, assim como a criança de rua pode ter despertada sua sensibilidade ao receber amor, a outra criança também tem seu potencial de sensibilidade permanentemente presente, precisando apenas ser despertada para ele. Isso tudo diz respeito ao que eu disse lá no começo: só não somos mais criativos porque tratamos nosso potencial criativo muito mal. Precisamos cuidar bem dele para que sejamos correspondidos com inspiração criativa.

Por exemplo: o momento da vida em que mais precisamos ler, por sabermos tão pouco, em geral é aquele em que costumamos rejeitar os livros. Até entendo por que rejeitamos os livros: nessa fase da vida, cheios de energia, tudo o que queremos é viver, embora nossa definição de "viver" ainda seja meio primitiva, meio pré-histórica, remontando a quando nossos ancestrais saíam por aí para "saber das coisas". No entanto, é preciso dar-se conta de uma diferença importante: nossos ancestrais não tinham outro remédio senão construir, instintivamente, uma cultura, pois não havia passado, não havia história. É verdade que havia então uma vantagem: ninguém precisava estudar antes de fazer. Tudo era prática. Hoje é diferente: temos uma história, longa, rica, fantástica. Antes de fazer qualquer coisa, podemos consultar quem a fez antes, como fez, e aprender com seus erros e acertos, além de nos inspirar na experiência alheia para desenvolver nossos próprios métodos. Por isso, ler atende àquela condição básica do processo criativo que já mencionei: a excitação da sensibilidade. A carga de informação que um livro traz se traduz em nossas mentes em indicativos de novos caminhos. O conteúdo nos dá a base do conhecimento. A forma nos ensina o jeito de fazer. Nossa sensibilidade é vulnerável a esses apelos, ela se excita com os "toques" proporcionados pela informação nova. Então, ela cresce para a inspiração. Isso não quer dizer que devamos olhar para a leitura como um substituto do "viver", absolutamente. Ler e "viver", no sentido de busca do saber, são complementares. Nossos ancestrais saíam a experimentar e, com isso, construíam conhecimento em suas mentes. Você, quando sai por aí, sozinho ou em turma, também está em busca de experiências. Do que você leu, viu, ouviu, fez, nasce seu quadro de percepção da vida. Alguma coisa fará parte de seu consciente, muitas outras estarão "arquivadas" em seu inconsciente. A esse conjunto chamamos "bagagem de vida".

Quando você recebe um *briefing* para a criação de um anúncio ou de uma campanha, ele traz como referências alguns dados racionais que são pontinhas de *icebergs* de conhecimento que supostamente você já possui. Pela pontinha visível, você deve ser capaz de identificar o *iceberg* inteiro. Ou seja, devem fazer sentido para você o tipo de informação que o *briefing* carrega e a qualidade da intenção do *marketing*. Esse "fazer sentido" é produto de cultura e maturidade, que são reflexos diretos do que você traz em sua "bagagem de vida". Então, entenda esse preparar-se para a vida (no caso, vida profissional) como a arrumação da mala para uma viagem. Cada livro que você lê é um equipamento de sobrevivência que você coloca na mala. Da mesma forma, cada filme, cada palestra, cada viagem vai completando a bagagem necessária para você encarar a vida e o mundo. Naturalmente, ninguém conhece tudo a respeito de todos os assuntos. Mas só quem formou uma base de conhecimento está preparado para saber onde procurar o que lhe falta. Quando proponho que a base do pensamento criativo em publicidade é pensar "ao contrário", estou pressupondo que o criativo domina o que é pensar "classicamente". Ninguém pensa diferente a respeito de alguma coisa que não sabe. Ninguém é contra uma opinião que não conhece. O que dá autoridade para pensar "ao contrário" é, exatamente, o domínio do tema em sua versão convencional e da forma também convencional de tratá-lo. É isso: quem não sabe expressar o comum não sabe expressar o diferente.

Criar é um ato de rebeldia, sim. Mas, a menos que tenhamos claro contra o que estamos nos rebelando, estaremos fazendo o famoso papel dos "rebeldes sem causa". Na criação publicitária, a rebeldia sem causa não faz nenhum sentido: toda atitude criativa estará sempre comprometida com um resultado previamente solicitado. Diferente da rebeldia ideológica, a rebeldia criativa aplicada à publicidade está a serviço das metas de quem está pagando pelo serviço. Ou seja, a atitude rebelde como fim não leva a nada; a rebeldia criativa que resulta em vendas é consagradora.

O redator do "Think small" no anúncio do Fusca teve uma grande sacada. Mas de onde ela saiu? Estava esse título pronto no departamento de criação de sua mente? É claro que não. Por mais inteligente, por mais criativo que ele fosse, de nada adiantaria se não estivesse bem informado. É essa a palavrinha-chave: informação. Não apenas a informação do *briefing*; ela é apenas a ponta de um dos fios. A outra ponta é a do fio pelo qual passam as informações "gerais" que acumulamos graças à nossa curiosidade, ao nosso interesse pelo que acontece. Só quando uma ponta encosta na outra podemos dizer que se fecha o "circuito criativo". Se o redator não estivesse ligado nos acontecimentos, se não acompanhasse sistematicamente, ao longo de sua vida, as transformações culturais da socicdade, se não refletisse sobre o assunto e, a partir dessa reflexão, não chegasse a algumas conclusões próprias, provavelmente o lançamento de um carro pequeno em um país que pensa grande não lhe "dissesse" nada de mais. Enfim, perderia a oportunidade como um cego pode perder um ônibus.

Naquele ano do anúncio da Smirnoff, 1982, a Hering colocou no ar um comercial (anúncio criado pela DPZ) de cuecas em que uma mulher seguia um homem, absolutamente fixada nele, em meio a uma multidão, até o momento em que, tendo-o ao alcance da mão, lhe dá um beliscão na bunda e se afasta, disfarçadamente. No final, a locução dizia: "Toda mulher quer beliscar um homem que usa cueca Hering." O *briefing* era óbvio e seguia o mesmo modelo de busca de conceito típico do *marketing* de "roupas de baixo", masculinas ou femininas: despertar desejo no sexo oposto. Até hoje é assim nos anúncios de *lingerie*, por exemplo. Vejamos, então, o comportamento dos criativos da agência neste caso. Eles precisavam demonstrar que um homem usando cueca Hering atraía as mulheres. Colocar um ou vários homens desfilando de cuecas numa passarela, enquanto, em *off*, mulheres assobiassem e emitissem gritinhos histéricos poderia ser uma solução. Literalmente, estariam afirmando: "Homem que usa cueca Hering desperta a atenção e o interesse das mulheres." Poderiam também ter colocado um homem de cueca Hering diante da câmera e deixá-lo ali para a apreciação das telespectadoras; no fim, um locutor poderia fazer uma gracinha qualquer do tipo "desculpe, minha senhora, mas não há nada que eu possa dizer que defina melhor a cueca Hering do que o que a senhora está pensando". Poderia ser interessante. Mas qualquer uma dessas idéias, ainda que traduza claramente uma intenção de *marketing*, estaria fazendo-o de forma muito previsível. Falta a elas o ingrediente criativo que dramatiza a informação e a torna memorável. Ao criativo ou aos criativos envolvidos com o trabalho deverá ter ocorrido a pergunta de que já falamos: "Normalmente, o que seria feito?" Pode-se dizer, com segurança, ao menos uma coisa: normalmente, se procuraria expor o produto o máximo de tempo. Afinal, é ele o objeto do desejo de que trata nosso *briefing*. Logo, "o contrário" seria, primeiro, não mostrar o produto o máximo de tempo. A princípio, isso poderia parecer uma heresia (você sabe o que é heresia? É um desvio da norma). No caso, uma heresia contra o *marketing*. Ótimo! Todo criativo deve adorar uma heresia, um desvio da fórmula conhecida. Só há um detalhe: um pecador que peca por pecar é um boçal; um pecador que, com sua decisão de pecar, traz uma nova luz sobre determinado problema é um gênio. Nosso criativo poderia ter dito: vou quebrar a regra e não mostrar o produto. E ficar por aí. Poderia ter sido medíocre em sua proposta final. O que aconteceu, no entanto, é que sua decisão de negar a fórmula não se encerrava em si, mas estava visceralmente comprometida com uma idéia nova, baseada num fato importante: ninguém anda por aí de cueca; portanto, se a cueca só "funciona" em seu propósito de *marketing* – despertar desejo no sexo oposto – se for literalmente vista, serão poucas as ocasiões em que os homens irão usufruir seus benefícios. Isso é questionamento, outra palavrinha mágica no processo criativo.

É preciso buscar as perguntas que estão faltando para pôr em dúvida as fórmulas consagradas. E foi graças à constatação de que havia algo a ser revisto na publicidade de cuecas que nasceu o conceito criativo "cueca que faz do homem objeto do desejo mesmo quando ele não está só de cueca". Mas há outras coisas importantes no pensar "ao contrário" desse comercial: a autoridade e a coragem com que o criativo inverteu os papéis, em 1982, colocando a mulher assediando o homem, em público. Nada mais enaltecedor da figura feminina do que dar a ela esse "direito" até então reservado aos homens. Ou seja, o criativo investiu pesado numa direção, com todos os riscos que seu exagero continha, mas sabia que estava na direção certa, atendia ao *briefing* em sua intenção maior. Isso é importante. Ele atreveu-se na direção certa; sua proposta surpreendente, chocante, era, ao mesmo tempo, absolutamente pertinente para os objetivos do cliente, além de ter alcançado o mais importante objetivo da peça publicitária: tornar-se memorável.

Esse é um caso típico em que a criação, como um Pelé, fez quase tudo sozinha. Afinal, como vimos, o *briefing*, a princípio, não tinha absolutamente nada de novo a dizer. No caso da campanha da Smirnoff tínhamos um fato relevante – 143 países; no caso do Fusca, com seu tamanhinho, foi pura personalidade apresentar-se para concorrer com os rabos-de-peixe. A cueca Hering, não. Era uma cueca, ainda que boa, e ponto. No mais, se propunha ao que compreendia como o grande objetivo das cuecas: ser percebida pelo homem como objeto do interesse das mulheres. O resto coube à criação.

Um momentinho: não é hora de conhecer um pouco mais do que passou pela cabeça desse criativo? Para chegar às conclusões a que chegou, como vimos, ele teve muito pouca colaboração do *briefing*, a não ser, naturalmente, a direção a seguir. De onde tirou o resto? Bem, primeiro ao olhar para o problema com "frescor", ao colocar-se livremente para tratar do assunto. O que é isso? Frescura? Não, olhar com frescor é olhar sem vícios. Não se fala em ar fresco e ar viciado? O sentido é o mesmo.

Contudo, só olha sem vícios quem conhece além da visão viciada. Na verdade, a princípio, nada estreita mais a visão do que um *briefing*: seus objetivos são definitivos. Se você for limitado em sua informação geral, ficará ainda mais restrito e, como um ratinho de laboratório, passará o dia dando cabeçadas pra lá e pra cá. Nosso criativo demonstrou que tinha capacidade de escapar dessa prisão. Eis suas chaves: a primeira, questionar as fórmulas, com as perguntas "como todo mundo faz?" e "como é fazer ao contrário?"; a segunda, trazer uma bagagem de informação e reflexão traduzidas em maturidade, que lhe permitiram não só o atrevimento de questionar a fórmula de anunciar cuecas, mas também o atrevimento de pensar "ao contrário" no que diz respeito ao comportamento das pessoas.

Nada ajuda mais do que um bom *briefing*. Nada atrapalha mais do que um mau *briefing*. Ele é o pavimento por onde a criação vai trafegar. É uma estrada.

Quanto mais bem sinalizada, mais rápido e em segurança chegaremos a nosso destino. Quanto menos sinalizada e mais esburacada, menores serão as chances de chegar a algum lugar, além de corrermos o risco de cair num abismo. Todo criativo deve ter o bom senso de avaliar bem um *briefing* antes de começar a trabalhar nele. Claro que a pouca experiência, muitas vezes, nos deixa inseguros para questionar um *briefing* teoricamente elaborado por profissionais: temos medo de parecer burros. Porém, há muito mais *briefings* burros por aí do que possa imaginar nossa vã filosofia.

Se há dúvidas, é preciso perguntar. Perguntar não ofende. É muito mais econômico do que pegar um caminho errado na tentativa de preencher as falhas do *briefing* com suposições. Um *briefing* deve responder claramente à pergunta: "O que você quer?" Se não responder, não está completo. Não tem foco. Foco. Esta é uma palavrinha tão usada que, muitas vezes, nem nos damos conta da importância de seu significado. Lembro de quando era criança e ficava brincando com uma lanterna de meu pai. Girava a ponta da lanterna para um lado, ampliando o círculo de luz, e percebia que, embora a área atingida fosse maior, a luz ficava mais fraca. Quando girava ao contrário, a área atingida era menor, mas a luz que incidia sobre ela era forte. Quanto mais concentrado o foco da lanterna, mais preciso era o ponto iluminado, e eu o via com clareza. Assim ocorre com o *briefing*. Tudo o que está nele, pouco ou muito, deve conduzir a um foco principal, a um objetivo claríssimo. Se esse objetivo não for absolutamente perceptível, pare: há um problema com ele ou com você. Tentar sair criando uma campanha sem questionar seriamente o *briefing* a respeito do que ele quer é como levantar vôo sem ter checado os instrumentos do avião.

Logo que cheguei à DPZ, em 1981, numa ocasião em que o Washington estava viajando, o Petit me chamou para criar uma campanha com ele. Imaginem o pânico. Substituir o Washington já não era exatamente confortável. Ainda por cima em dupla com o Petit, uma das maiores estrelas da propaganda e um temperamento não exatamente afável: era realmente uma tentativa de suicídio. Tínhamos pela frente um *briefing* do hambúrguer Sadia. É verdade que não consegui desenvolver um roteiro aproveitável (depois o Washington chegou e deu um jeito), mas fiz uma coisa de que me orgulho até hoje: criei um conceito de comunicação. E isso só foi possível porque a intenção do *briefing* estava muito clara: o *marketing* da Sadia queria que as pessoas percebessem a praticidade de preparar seu hambúrguer. Em resumo, o pedido era esse: mostrem para o consumidor a facilidade e a rapidez com que se prepara um hambúrguer Sadia. Criei vários roteiros que, de modo geral, pecavam pela falta de foco do enredo. Mas todos eles eu assinava do mesmo jeito: "Hambúrguer Sadia. É pra já." Ah, foi um sucesso. Mas... por que eu não conseguia acertar os roteiros? Era uma angústia. Simples: eu não era, como não sou até hoje, um bom roteirista. Fazer bons roteiros é uma especialidade dentro da atividade criativa em publicidade. Existem grandes criativos que não têm registro de um bom roteiro em suas carreiras, se isso serve de consolo. A DPZ, por algum tempo, construiu sua reputação criativa em cima de anúncios gráficos, exatamente por contar com dois excelentes grafistas: Francesc Petit e José Zaragoza. Foram os redatores que se incorporaram à agência que estimularam a cultura eletrônica: Neil Ferreira e Washington Olivetto. Mas, como eu dizia, se não criei um bom roteiro, escrevi um bom *slogan*. E, como eu também dizia, isso só foi possível porque o *briefing* definia claramente seus objetivos. Tinha foco. Embora, historicamente, o hambúrguer Sadia comportasse uma série de qualificativos, o *marketing* da empresa soube definir o objetivo daquela campanha com precisão. É claro que o hambúrguer Sadia era gostoso, é claro que era feito de carnes selecionadas. No entanto, aquela campanha tinha o objetivo de atender a uma necessidade percebida no mercado: nas grandes cidades, as pessoas dispõem de cada vez menos tempo para atividades que, antes, eram absolutamente rotineiras, como cozinhar, por exemplo. O público-alvo eram estudantes ou profissionais que vivem sozinhos, mães que trabalham fora. Era preciso atendê-los com qualidade, mas, principalmente, com praticidade e sem perda de tempo. A Sadia queria falar com esse público. A marca tinha suficiente tradição para que as pessoas confiassem em sua qualidade. Portanto, a questão era objetiva: vamos falar da rapidez com que essa qualidade fica disponível para o consumo e, assim, atender a uma necessidade imediata: comer com o mínimo de trabalho e de tempo no preparo.

Onde eu fui encontrar aquele "é pra já" que tão bem atendeu à expectativa da agência e do cliente? Na vida, claro. Eu cresci ouvindo isso. Toda vez que alguém queria demonstrar rapidez no atendimento de um pedido (fosse num restaurante ou em qualquer outra situação) falava essa frase. É uma expressão que traduz boa vontade e eficiência. Associar a própria vivência à solução de uma solicitação de *marketing* é questão de sensibilidade, e nisso reside algo importante: qualquer pessoa poderia ter aquela idéia. "É pra já" é uma expressão de uso corrente, comum, vulgar. O maior mérito não está em que ela lhe ocorra numa situação como aquela, mas, mais precisamente, em que você identifique na carga de adequação e coloquialidade que ela carrega a solução para um problema de *marketing*.

Às vezes, confundimos o simples com o pobre, ser diretos com falta de criatividade. Daí ficamos dando voltas atrás de uma solução intelectualmente agradável. Procurando uma tirada inglesa que demonstre o refinamento de nossa inteligência. Na verdade, a propaganda até pode ter espaço e momentos em que certa erudição se enquadre. Mas, de modo geral, o mérito da criação estará sempre no efeito das idéias sobre os objetivos de *marketing*. Não importa como. Isso significa que o pensamento na criação publicitária deve ser, a princípio, sempre muito objetivo. Este deve ser o ponto de partida. Ficou claro? É o seguinte: se você tem de dizer que agora tem Coca-Cola sabor canela, você tem de dizer que agora tem Coca-Cola sabor canela. Existe uma história famosa no meio publicitário usada pela criação para justificar títulos diretos pela falta de uma forma mais eficiente de se comunicar. Conta-se que um anjo desceu do céu e pediu a um redator publicitário que fizesse um anúncio informando que Jesus Cristo voltaria no dia seguinte. O redator anotou rapidamente o *briefing*: Jesus Cristo volta amanhã. E passou o dia inteiro em busca de um título "criativo". Na falta de coisa melhor, saiu publicado um anúncio com o título "Jesus Cristo volta amanhã", e todo o mundo ficou sabendo que Jesus Cristo voltaria no dia seguinte. Provavelmente, qualquer um de nós ficaria também angustiado na esperança de um lampejo de genialidade que inspirasse um pensamento absolutamente original. Quem sabe não escreveríamos: "Adivinha quem vem amanhã? Uma dica: é melhor você parar de colocar fogo em mendigo." Ou então, parodiando um samba famoso: "Disseram que ele não vinha, olha ele aí." Ou tantas outras gracinhas que talvez nos fizessem divertidos junto à comunidade dos criativos e nos indicassem para alguns prêmios. Mas... teriam sido mais eficientes na comunicação de algo tão relevante e tão objetivo? Quando digo que, a princípio, nossas propostas de comunicação de uma intenção de *briefing* devem ser objetivas, estou dizendo a princípio mesmo. O que, paulatinamente, nos vai conduzindo à busca de uma forma diferenciada de falar de nosso cliente são as informações relativas à existência de concorrência e à força dela. Por exemplo, quando eu disse há pouco que no lançamento da Coca-Cola sabor canela você deve dizer que chegou a Coca-Cola sabor canela, parti do princípio de que a Coca-Cola é a primeira marca importante a se apresentar com esse sabor. Nesse caso, o foco está em "canela". Mas digamos que a Pepsi tenha lançado antes a Pepsi sabor canela e estivesse, inclusive, vendendo bem. Como seria nosso apelo? Bem, poderia ser "chegou a Coca-Cola sabor canela", embora o sabor canela não seja nenhuma novidade e o anúncio dê margem até a interpretações do tipo "a Coca-Cola está imitando a Pepsi". No entanto, o fato poderá ganhar relevância se dissermos "chegou o sabor canela da Coca-Cola". O foco não estará mais em "canela", como anteriormente, mas em "Coca-Cola". Por quê? Porque, já que existe a Pepsi sabor canela, o fato "canela" deixou de ser novidade. E a importância recai sobre o "aval Coca-Cola" para o sabor canela. Ou seja, não é a Coca-Cola que mudou trazendo agora "canela". Foi a "canela" que mudou (era "apenas" Pepsi) e agora é Coca-Cola. O que eu quero demonstrar com isso é que será o grau de complexidade das informações sobre o mercado em que vamos trabalhar que irá estabelecer a necessidade de elaborar mais a forma de comunicar conceitos de conteúdo objetivo.

O conceito "99 centavos" é um bom exemplo. Alguém um dia começou com isso. Depois, claro, foi copiado, e o procedimento virou carne de vaca. Mas, no início, foi uma atitude criativa, dotada de grande objetividade. O comércio praticava preços com números redondos como 2 dólares, por exemplo. Alguém percebeu que poderia cobrar menos e, praticamente, receber os mesmos 2 dólares e cobrou 1,99. São, "praticamente", os mesmos 2 dólares na hora de receber, mas a percepção por parte do consumidor é de "1 e alguma coisa" na hora de decidir a compra. O registro do 1 é poderoso diante do 2 da concorrência. Essa solução só teria surgido em um mercado em que muitos ofereciam a mesma coisa por 2 dólares e, provavelmente, não podiam baixar o preço, em função de seus custos. Poderiam ter feito cartazes com títulos sugestivos ou belas ilustrações dos produtos. Poderiam ter colocado megafones diante das lojas ou dançarinas de cancã. São muitos os mecanismos da publicidade; há listas deles em qualquer livro sobre o assunto. E é provável que a maioria tenha agido exatamente dentro do figurino recomendado. Só que alguém resolveu sacrificar esse centavo, um mísero centavo, mas com o poder avassalador de fazer 2 dólares virarem 1 dólar na primeira leitura do consumidor. Gênio. Talvez publicitários tenham recomendado a seus clientes que baixassem o preço, que fizessem um sacrifício para que as vendas crescessem. No fim, teoricamente, valeria a pena, pois o comerciante ganharia na quantidade. Mas quem garante que ele venderia o suficiente para que o volume de vendas financiasse o desconto que dera? Propor alguma coisa sobre o preço é muito delicado, pois, certamente, é o tema que mais vive atormentando a cabeça do cliente e costuma ser ou a primeira coisa (quando pode) ou a última coisa (mesmo quando não pode) em que ele mexe. Cair de pára-quedas e dizer "baixe o preço que o senhor vai vender mais" é subestimar o cliente. No entanto, dizer "baixe 1 centavo" e torne seu preço 1,99 em vez de 2 é genial, não tem nada a ver com contabilidade, é puro *marketing*. Na verdade, não se está dizendo ao cliente "baixe o preço". Mas, "por praticamente nada, deixe seu preço com cara de mais baixo".

O pensamento criativo serve-se das ferramentas do *marketing* e da publicidade para enaltecer o novo. Mas elas não trazem o novo. As ferramentas não criam nada. As idéias nascem em nossas cabeças. Por isso, em vez de olhar para as ferramentas é muito mais útil ocupar-se do problema. O problema é dotado do encanto de carregar, misteriosa, a própria solução.

Você compreendeu a frase acima? Sim, porque é muito fácil achar uma frase genial só porque ela parece genial. No entanto, o importante é compreender seu sentido prático.

A presença das palavras "encanto" e "misteriosa" dão à afirmativa um certo caráter poético, e isso pode fazer com que a percebamos como uma expressão subjetiva, uma utopia, bela porém impraticável. Mas por que essas palavras estão na frase se são capazes de nos atrapalhar, de nos desviar do foco de praticidade de sua recomendação? Boa pergunta. Pelo mesmo motivo por que não se faz um anúncio dizendo apenas que há Smirnoff em 143 países. Queremos o envolvimento dos outros, queremos "tocá-los na alma" para que a mensagem seja memorável. Em nosso caso, no entanto, a frase busca um pouco mais do que fazer você sair por aí falando bem deste livro. Quer que você compreenda a objetividade da aplicação do conceito que ela encerra. Quando afirmo que "o problema é dotado do encanto de carregar, misteriosa, a própria solução", estou dizendo "a solução está no problema". Ao acrescentar que nisso há "encanto" e "mistério", quero compartilhar com você a emoção de experimentar uma espécie de revelação. Não é, enfim, revelação a criação?

Voltemos ao aspecto aplicativo da tese. Em 1998, fui convidado para "bater um papo" com redatores da *Folha de S.Paulo*. O assunto era a criação de títulos. Sim, sempre inquieta, a *Folha* queria que seus redatores conversassem com redatores publicitários. Foi uma conversa longa e muito interessante. Como aqui, falei-lhes de que forma compreendia o processo criativo de transformar propósitos de *marketing* em conceitos de comunicação. Em dado momento, uma jornalista fez uma solicitação curiosa: queria saber o que se passava em minha cabeça exatamente no momento que precedia o movimento dos dedos nas teclas. Refeito do susto, respondi: "Impossível teorizar sobre esse momento. Ele não existe sem uma questão prática". Não sei de onde me saiu essa idéia, mas a verdade é que ela gerou um episódio muito enriquecedor da reunião. A jornalista apresentou um problema prático: estava preparando um caderno especial com sugestões de presentes de Natal e não encontrava um título interessante para a matéria de capa. Tinha razão, nada mais lugar-comum do que uma matéria com sugestões de presentes de Natal. Todos os anos se repetem nos jornais e nas revistas. Mas, em vez de sair correndo atrás de uma sacada rápida para impressionar a platéia, já que não sou mágico, perguntei sobre a matéria, que conceito trazia, pois "sugestões de presentes de Natal" é muito vago e apenas isso me pareceu pouco para um jornal dinâmico e inovador como a *Folha*. Eu estava certo.

A matéria tinha, sim, sua proposta particular: sugeria, exatamente, presentes incomuns, em confronto com as eternas gravatas, discos da moda etc. Ouvi a descrição e gritei: "Chega dos mesmos!" Gargalhada geral. Hoje não, mas na época a expressão era absolutamente *up to date*, pois um candidato a governador de São Paulo a estampara em centenas de *outdoors* pela cidade, gerando todo tipo de comentários. Ou seja, estava na boca do povo. E não há nada melhor para a comunicação do que estar na boca do povo ou valer-se daquilo que está na boca do povo. O que me ajudou nessa solução? Bom, primeiro o cuidado de fazer a pergunta certa, pois só então obtive um *briefing* de verdade. Se a questão tivesse parado na afirmação de que se tratava de uma matéria de sugestões de presentes de Natal, provavelmente eu estivesse até agora pensando numa proposta de título. Ao conhecer suas características particulares, escancarei uma janela de possibilidades. Por outro lado, a par das "coisas da vida", ou seja, do que acontece no cenário de minha comunidade (público-alvo da mensagem), pude fazer a feliz associação. Não, não me bastou estar informado do que se passava apenas pela convivência (vivo em São Paulo, a campanha do candidato era em São Paulo e a *Folha* é de São Paulo). Foi preciso mais: antes, precisei envolver-me intelectual e emocionalmente com esse e com todos os outros *slogans* dos candidatos, por se tratar de assunto que me diz respeito, como publicitário, como profissional de comunicação. Assim, o assunto estava vivo em minha cabeça, "fresquinho" para ser usado na primeira oportunidade. Por isso ele "saltou" sobre a mesa, antes mesmo que eu pudesse racionalizar a solução. Quando gritei "Chega dos mesmos!", eu tinha certeza de que acertaria o alvo, e a reação das pessoas comprovou. Certa vez, um músico respondeu à pergunta de como lhe surgiam tantas idéias para compor dizendo que tropeçava nelas quando levantava da cama. Guardando as devidas proporções, o princípio é o mesmo: você se enche de informações, apaixona-se por elas, recebe um desafio, apaixona-se por ele, faz a pergunta certa e pronto, fecha-se o circuito criativo. Parece fácil? É tão fácil e tão difícil quanto apaixonar-se verdadeiramente.

Antes que eu perca o fio da meada, o que isso tem a ver com "o problema é dotado do encantamento de carregar, misteriosa, a própria solução"? Voltando à nossa vodca, sem dúvida "143 países" é uma solução, ainda que óbvia. Ou seja, quando o *briefing* nos dá esse número, ele está pedindo "digam lá, para quem puder ouvir, que estamos em 143 países". Pode até parecer que a história termina aqui, tamanho o poder desse dado. Já foi demonstrado anteriormente que, sem ultrapassar esse nível na relação com o problema, poderíamos ter criado alguns comerciais que não passariam despercebidos e, bem produzidos, até poderiam se transformar em peças publicitárias dignas de nota. A pergunta "que país não tem Smirnoff?", responsável pela surpreendente transformação de nossa visão sobre o problema, estabeleceu, na verdade, um nível mais profundo de abordagem. Tanto "143 países" como "país que não tem Smirnoff" pertencem ao conceito de *marketing* "tem Smirnoff em 143 países", certo? Claro, pois, se tem Smirnoff em tantos países e esses não são todos os países do mundo, então há países onde não tem Smirnoff. Isso também é um dado do *briefing*, ainda que, a princípio, oculto. Portanto, a solução de fato está no problema. Para alcançá-la, temos de nos dispor a penetrar as camadas do *briefing*, usando um bisturi chamado "pergunta certa". No caso da *Folha de S.Paulo*, as coisas não foram muito diferentes. Sim, é verdade que a primeira apresentação do *briefing* foi muito superficial: "sugestões de presentes de Natal". Um cortezinho com o bisturi "pergunta certa" já revelou "sugestões de presentes de Natal diferentes dos que se costuma dar". E, com isso, chegou-se à compreensão da intenção de *marketing*:

"Pare de dar sempre os mesmos presentes, leia nossas sugestões." Compreendida plenamente a intenção de *marketing*, teve início o mecanismo associativo do processo criativo. Não é difícil: "pare" e "sempre os mesmos" levaram rapidamente ao conceito "chega dos mesmos", porque ele "já existia no ar", era apenas uma questão de utilizá-lo. O criativo sabe que as pessoas, ao lerem "chega dos mesmos" num caderno e numa matéria que não têm nada a ver com política, serão surpreendidas. E a surpresa causará algum tipo de comoção; isso despertará no leitor interesse pelo nosso texto. Enfim, o que queríamos.

É muito difícil ser infeliz quando conseguimos viver compreendendo todas as coisas como a nosso serviço. Sim, porque todas as coisas estão a serviço do criativo, subsidiando-o com dados para a elaboração de novas combinações. O famoso fotógrafo da Benneton, Oliviero Toscani, acusa, em seu livro *A publicidade é um cadáver que nos sorri*, os publicitários de "só verem beleza no belo". A frase é muito boa, embora com a acusação generalizada ele possa estar cometendo alguma injustiça. Mas o que nos importa aqui é compreendê-la. Toscani critica a visão condicionada da criatividade aplicada à publicidade. Não aceita o banimento do "feio" e do "torto" da arte publicitária. Seu trabalho, como bem sabemos, costuma chocar por reproduzir cenas que, normalmente, o mundo *fashion* da publicidade faz de conta que não existem. Desse modo, ele virou a fotografia publicitária de cabeça para baixo, ao reproduzir nas campanhas da Benneton desde os últimos momentos de um paciente com Aids até a camiseta ensangüentada de um soldado assassinado na Bósnia. Discutir a propriedade desses apelos poderia render vários livros, talvez uma vida inteira de questionamentos. No entanto, creio que aqui cabe ressaltar dois aspectos: primeiro, o fato de Toscani pensar "ao contrário", tema de que já tratamos; e, segundo, a integração da publicidade a um processo contributivo na formação de uma consciência solidária. É claro que se pode perguntar que tipo de consciência solidária pode despertar um cavalo cobrindo uma égua, como já foi proposto por Toscani em *outdoors* e anúncios de revista da Benneton. É aí que deve entrar um esforçado exercício de olhar descondicionadamente para os trabalhos. Vamos tentar. Bom, para começar, quem disse que precisamos optar, incondicionalmente, entre condenar ou exaltar as campanhas da Benneton? Nessa aparente necessidade reside um sério perigo. A mídia cria uma condição de confronto, dividindo-nos entre os "a favor" e os "contra" a obra e o autor, quando, com todo o direito, podemos gostar de algumas coisas que ele faz e não gostar de outras. E mais: podemos gostar de algumas coisas e não gostar dele. Ou ainda não gostar de quase nada do que ele faz, mas admirar seus propósitos. Todos temos essa liberdade e devemos exercê-la.

Isso significa dizer, por exemplo, que podemos achar ótimo que ele use a publicidade para denunciar a morte de jovens numa guerra absurda, embora achemos uma apelação ele colocar um cavalo cobrindo uma égua num *outdoor*. Essa é até uma posição relativamente fácil de assumir. No entanto, com o mesmo direito, podemos achar que mostrar gente morrendo é puro sensacionalismo, enquanto a figura do cavalo e da égua compõe um *design* absolutamente sublime. Tudo é perfeitamente defensável, e não devemos ter medo de defender nossa posição, desde que tenhamos argumentos mais ou menos convincentes. Sei que, para muitos de vocês, deve ser difícil assumir uma opinião diferente da de nomes consagrados como Francesc Petit e Washington Olivetto, notórios críticos de Oliviero Toscani. Mas, para deixá-los menos assustados, lembro que Petit e Washington são dois criativos publicitários, donos de suas próprias agências. E que Toscani, como fotógrafo, para os publicitários, é um prestador de serviços. Assim, a princípio, não teria o "direito" de ser "dono" de uma conta publicitária, coisa que caberia, exclusivamente, a uma agência de publicidade. Então, toda essa rixazinha, no fundo, pode ser originária de uma discussão de mero interesse comercial, muito longe de tratar verdadeiramente da adequação ou não de uma abordagem criativa. Portanto, fiquem à vontade. É preciso apenas tratar de estudar o assunto com carinho, antes de manifestar opiniões. O único inimigo será sempre a falta de fundamento.

O tema de nosso interesse, aqui, é avaliar se esse "pensar ao contrário" de Toscani é pertinente com o objetivo de vender uma grife de roupas. É preciso tomar muito cuidado. Se respondermos que sim, estaremos afirmando que será eficiente que outros produtos saiam por aí expondo fotos chocantes associadas às suas marcas. Se dissermos que não, estaremos negando a notoriedade obtida pela Benneton exatamente por adotar esse padrão de comunicação. E agora?

É o seguinte: lembram-se da idéia de correr riscos? Em algum momento da história da Benneton, Toscani propôs esse conceito ao senhor Benneton, e ele aceitou correr o risco. Provavelmente, se eu fosse diretor de *marketing* da Benneton, não aprovaria a idéia. E, provavelmente, Oliviero Toscani me mandaria pastar e aprovaria a idéia com o dono da grife. E você, aprovaria? Pois é, a atitude publicitária assumida pela Benneton faz parte daqueles momentos únicos da história que não podem ser avaliados sob o prisma do normal das atitudes. Parecerá sempre superdosada. No entanto, Benneton é isso, e fim. E suas campanhas só farão sentido se forem cada vez mais fundo nesse rumo. Mas pensemos: o que choca mais nas campanhas da Benneton? A forma agressiva ou o conteúdo que, propositalmente, nega o jeito publicitário de fazer publicidade? Essa é uma boa discussão. O que Toscani faz é publicidade brilhante ou ele nega a publicidade? E, ao fazer publicidade "que nega a publicidade", não estará fazendo mais e melhor publicidade do que faria se fizesse "apenas" publicidade? Parece conversa de doido, mas é este o grande ponto de interrogação que paira sobre nossas cabeças.

Ou seja, não será demais perguntar: Toscani é um engajado na busca de um mundo mais justo e usa o poder da publicidade para expressar seus ideais ou é um oportunista que usa, exatamente, as injustiças do mundo para chamar a atenção para a marca da Benneton? Confesso que tenho sido um defensor de Toscani, mas é um "palpite" pessoal. O que vale para efeito de nosso estudo é que Oliviero Toscani tem sido um observador tenaz de tudo o que ocorre à sua volta. Estar antenado fez dele um dos mais importantes publicitários deste século, por mais que essa importância seja controversa ou não. Afinal, do ponto de vista ético não lhe faltam argumentos para defender-se de seus oponentes, e do ponto de vista comercial não se pode negar o sucesso da Benneton, sustentado, basicamente, pelo *marketing* e pela publicidade.

Isso é muito interessante: de repente, o "jeito de fazer" (a forma) perde o *status* de "certo" ou "errado". Vocês hão de perguntar: por Deus, mas não foi disso, enfim, que estivemos tratando até agora, de uma forma de fazer? Sim, e vocês já estavam quase acreditando numa "fórmula para a forma", e agora eu digo, com toda a tranqüilidade: "Façam como quiserem." Ai que medo! Ótimo, a palavra não é exatamente medo, mas uma "ansiedade maravilhosa" diante do infinito. Claro, sempre em nossas vidas estivemos perfeitamente ajustados aos formatos da proposta de "organização psicológica" da sociedade, inclusive no que se refere aos "desajustes".

Ou vocês pensam que inovam ou inovavam, surpreendem ou surpreendiam quando saem ou saíam por aí, bêbados, quebrando garrafas no meio da rua e soltando grunhidos ou emitindo agudíssimos assobios? Nosso comportamento será sempre proporcional ao nosso estágio de riqueza interior. Quanto mais pobres, mais previsíveis. Mas o que é que nos enriquece? Será a experiência, fazendo-nos dependentes de nossa idade? Ou será uma espécie de "feliz melancolia" diante do que intuímos? Desculpem, acho que estou dando um enorme nó na cabeça de vocês, mas deixem que eu termine esse assunto e retomaremos as questões práticas. O *Dicionário de filosofia* de Nicola Abbagnano informa que "em linguagem comum, [melancolia] é tristeza sem motivo". Você já ficou triste sem motivo? Então, pronto: isso é melancolia, uma "tristeza" diante do incomensurável do universo, diante da irreversibilidade da morte, diante da impossibilidade de compreender o porquê de si mesmo. Alguém que se sente assim o tempo todo se torna absolutamente insuportável. Por outro lado, de alguém que nunca passou por isso provavelmente pouco haverá a esperar em termos de criatividade. Você, com certeza, compreendeu o caráter da definição de melancolia do dicionário, quando ela se refere a "sem motivo". É uma visão praticista, vamos dizer assim, da necessidade. Ou seja, "estar triste" exige que você tenha perdido alguém, que esteja sem dinheiro ou não tenha passado no vestibular, ou qualquer coisa que "todo o mundo" entenda. Provavelmente, quando você ficar triste "sem motivo", isso vai preocupar seus pais, sua esposa ou seu marido, ou namorado ou namorada (nesse caso, perguntarão se você estará "pensando em outra pessoa"). Na verdade, esse medo, essa ansiedade diante do infinito ou essa melancolia expressam a imensa alegria da "integração com o todo a serviço do processo criativo". O mesmo dicionário informa que criação é "qualquer forma de causalidade produtiva" (atenção: é causalidade e não casualidade). E o que é "causalidade"? É a produção de um efeito, ligado a uma causa. Então, misturando as coisas, podemos dizer que criação é o "efeito produzido, resultante de uma causa". No nosso negócio, o *briefing* é a causa, e a campanha publicitária é o efeito. No entanto, é bom que a gente compreenda as ligações históricas e filosóficas de nosso papel para não ficar para sempre com a impressão de que a criação foi inventada por David Ogilvy, por exemplo. Há quem diga que um cara chamado Deus tratou disso antes dele.

Bem, o que tudo isso tem a ver com "façam o que quiserem"? Simples: não estou tão preocupado com o "como" vocês vão fazer, mas com o "por que" farão. Afinal, sou um sujeito de 53 anos e, por mais que procure me manter atualizado, é provável que vocês "sintam" a vida de um jeito diferente, como conseqüência da combinação de sua idade com o momento do mercado, do país e do planeta. Vocês já ouviram falar que "o mesmo homem nunca se banha duas vezes no mesmo rio"? O que significa isso? Significa que o homem, a cada dia, é outro, e o rio, correndo sempre, também nunca é o mesmo.

Trata-se de uma dinâmica maravilhosa. Ou seja, a cada dia, submetidos a novas experiências, vocês são diferentes do que foram ontem e, da mesma forma, o mundo também mudou, como conseqüência da mudança de cada um de nós. Assim, "façam o que quiserem" é dizer que, uma vez conscientes, sensíveis, envolvidos e apaixonados pelo assunto de seu trabalho, devem confiar em sua intuição. Digamos que a "lâmpada criativa" se acende como conseqüência de uma "carga energética", vamos chamar assim. Quero dizer que ela não tem interruptor, simplesmente se acende quando está suficientemente "energizada". O erro de avaliação está na procura do interruptor (a fórmula) da resposta criativa. A resposta criativa não existe de antemão. Ela é gerada como conseqüência de uma combinação de fatores externos (informações novas) e internos (informações armazenadas mais sensibilidade excitada). Daí nasce o estado de "inspiração". Portanto, a resposta criativa é resultado de um "estado". E um "estado" deve ser provocado. Não se diz "veja o estado em que você deixou essa criatura", ao reclamar de alguém que levou o outro ao desespero, por exemplo? Nesse caso, houve um trabalho de "provocação" de um "estado" emocional. Alguém martelou com insistência e precisão a cabeça do outro a ponto de levá-lo ao desequilíbrio emocional. O desenvolvimento do processo criativo exige um certo martelar insistente e preciso também, a ponto de gerar um estado de inspiração.

Para ilustrar isso, costumo – inspirado numa figura que vi no livro *O poder do mito*, que reproduz uma entrevista de Bill Moyers com Joseph Campbell – desenhar um círculo, com uma linha que o corta em duas partes, uma ocupando 2/3 e outra 1/3 de seu espaço. No centro da parte menor, desenho um pequeno quadrado. No centro do círculo inteiro, coloco um ponto. Isso seria nossa mente. A parte menor é nosso consciente e no centro dela está nosso ego. A parte maior é nosso inconsciente, e o ponto, exatamente no meio do círculo, é o que chamaremos de nosso "centro". Quando trabalhamos na busca de uma resposta criativa para um problema, começamos com um processo consciente. Lemos o *briefing*, assistimos aos comerciais que a empresa já fez, averiguamos o trabalho da concorrência, analisamos pesquisas. Depois, então, começamos a "bater cabeça" em busca de uma idéia. Se não formos educados para a compreensão de que o processo criativo se dá num trabalho conjunto de consciente e inconsciente, efetivamente ficaremos "batendo cabeça" por muito tempo, em vão.

As pessoas que não "contam" ou não confiam no poder de seu inconsciente realmente cometem um erro grave, pois se restringem àquele espaço pequeno do círculo e, o que é pior, acreditam que aquele quadradinho que coloquei no centro desse espaço menor (o ego) é o centro de tudo, daí as chamarmos de egocêntricas. Já aquelas que "sabem" que o processo criativo é um trabalho coordenado de consciente e inconsciente usam o consciente para se envolver com o problema, para se alimentar de informação, para compreender seus objetivos e se apaixonar por essa compreensão. Então, dão um tempo para o processo de fermentação da informação. São pessoas que sabem que o centro não está no ego, mas no inconsciente, daí nos referirmos a elas como pessoas "centradas". E o que é esse período de "fermentação"? Bem, primeiro é preciso "olhar" para o inconsciente e "ver" nele um tesouro, um arsenal riquíssimo de informação, pois ali estão todos os dados que acumulamos ao longo de nossa existência. Aliás, quanto mais nos tivermos alimentado de informação ao longo da vida, mais abastecido será nosso "almoxarifado". O processo de "fermentação", na verdade, se dá o tempo todo, mas, quando você tem plena consciência dele e conta com ele, sabe o momento em que pode relaxar, sem o risco de não conceber uma solução criativa. Ou seja, você estudou o problema em profundidade, envolveu-se com ele, apaixonadamente, mas até então não lhe ocorreu nenhuma idéia extraordinária. E você está esgotado. Então, pare e relaxe. Vá fazer outra coisa, vá distrair-se, vá ao cinema, vá namorar. Não precisa ter medo.

Na verdade, enquanto você estiver distraído em outra atividade, o inter-relacionamento entre seu consciente e seu inconsciente vai continuar. É como ocorre com o computador. Você fornece a ele uma série de dados com a finalidade de obter determinada resposta. O que ele faz, então? Vai buscar essas respostas. Vai aos arquivos pesquisar, analisar e resgatar os dados que "combinam" com o que está sendo procurado. Na mente, durante o processo de "fermentação" do processo criativo, também é assim.

Os dados do consciente "mergulham" no inconsciente, no meio de bilhões de dados adquiridos desde quando você estava no útero da sua mãe até um segundo atrás, em busca de informações que correspondam à sua busca. Localizados os dados correlatos, a mente começa a compor o "terceiro elemento", ou seja, a configuração gerada pela combinação dos dados novos com os "antigos", como resposta a uma ordem objetiva de "solução criativa" dada pelo consciente, desde o momento em que você começou a estudar o problema. Lembre-se de que tudo isso está ocorrendo enquanto você está fazendo outra coisa, e quanto mais você estiver "desligado" do problema, melhor. Aí acontece, mais ou menos, como quando se faz um bolo. Você prepara a massa com todos os ingredientes, sem esquecer do fermento, coloca tudo numa fôrma e leva-a ao forno.

A combinação dos ingredientes com o calor (a informação nova) vai fazer o bolo crescer. Por algum tempo, esse crescimento não será visível, o que não significa que ele não esteja ocorrendo (embora não o veja, você "sabe" que ele está ocorrendo). Chegará um momento, no entanto, em que o bolo "transbordará" da fôrma e, então, você poderá vê-lo. Ou seja, tomará consciência dele. Não será por outro motivo que você, estando muito bem, conversando sobre futebol ou política com o pai de sua namorada ou namorado, de repente terá um impulso estranho e dará um tapa na testa, exclamando: "Como foi que não pensei nisso antes?" E sairá correndo, deixando todos apreensivos, à procura de papel e lápis para anotar a idéia que você acaba de "receber".

Posso garantir que isso acontece comigo. Cada um terá seu processo mais adequado de relaxar. Eu, por exemplo, gosto de entrar numa banheira de água quente, no escuro. É incrível. De imediato ocorre um "esvaziamento" da mente. É como se alguém entrasse num palco e varresse todos os entulhos, deixando o espaço livre para o "novo". É um "descondicionamento condicionado". Ou seja, "ensinei" minha mente a reagir à sensação provocada pelo mergulho de meu corpo na água quente com um processo de "limpeza geral". Muitas das soluções para meus clientes – eles nem imaginam – surgiram num banho de banheira, e não concentrado na frente do computador. Algumas vezes já entro na banheira com um *job* na cabeça. Às vezes, a solução aparece, outras vezes não, por mais que eu fique na água, os dedos já enrugados. Então tento outro processo, também muito interessante. Antes de dormir, "encomendo" uma solução a meu inconsciente. Exatamente. Já aconteceu de, depois do banho de banheira, que se revelou inútil, por volta da uma hora da madrugada, eu não ter o roteiro do comercial que teria de apresentar numa reunião às nove da manhã. Então, em vez de ficar "quebrando cabeça" madrugada adentro, simplesmente dei a ordem: "Quero acordar com uma solução." O mais louco da história é que você acorda de manhã e não se lembra da "encomenda". Levanta, vai tomar banho, fazer a barba, vestir-se, tomar café e, no meio de uma dessas atividades absolutamente distantes do problema, o roteiro vem completo. Parece incrível. Mas é muito natural: com o tempo, você aprende a lidar com o inconsciente como com uma ferramenta valiosíssima no processo criativo. É claro que o envolvimento profundo com o problema, antes, é fundamental para qualquer um desses métodos funcionar. Afinal, não se trata de mágica, mas de trabalho duro.

Prometi que logo voltaria aos exemplos práticos, porém acabei por me envolver na descrição desses processos e divaguei um pouco. Lembrei-me de um caso bem interessante. Em 1983, se não me engano, estava fazendo um estágio na agência DDB de Barcelona. Recebi um *job* que já estava na criação havia algum tempo, sem solução. Sabe aqueles ossos duros de roer, sob medida para manter estagiário ocupado? Era isso. Tratava-se do lançamento de um sabão. Em pasta. Isso, um sabão pastoso. Era uma novidade. Já havia sabão em pó, sabão em pedra e sabão líquido. Em pasta, era inédito. O nome, nunca esqueci, era, ou é até hoje, Gior. Gior pasta. Lá ficava eu, horas e horas, pensando numa boa campanha para lançar o produto. Imaginando como seria um roteiro brilhante, que causasse furor na agência, que justificasse um convite para trabalhar na Espanha, que ganhasse um Leão em Cannes.

Isso só me angustiava, e eu não produzia uma linha que prestasse. Lembro que, de vez em quando, entrava um criativo na minha salinha, sentava junto e tentava ajudar, dando uma idéia de roteiro. Um deles sugeriu que eu brincasse com a palavra "pasta", uma gíria que, na Espanha, significava dinheiro: no comercial, um sujeito mal-encarado entraria num mercado e falaria para o balconista "passa a pasta". E o coitado entregaria todo o dinheiro do caixa, pensando que se tratasse de um assalto, quando, na verdade, o sujeito queria apenas o sabão em pasta. Tudo bem, engraçadinho, mas e daí? E lá ficava eu, outra vez, sozinho, "quebrando a cabeça". Certa noite, acordei com uma percepção claríssima: eu estava pensando errado. Ou seja, tentava criar um roteiro, quando na verdade precisava desenvolver um conceito que transmitisse o benefício do produto. Estava faltando a pergunta: como o produto quer ser percebido? Qual é a vantagem de ser em pasta, além do ineditismo? Na manhã seguinte, na agência, passei a perseguir um conceito, e não mais um roteiro. E, em pouco tempo, havia escrito, à mão, em meu caderno de estagiário, uma constatação que me ocorrera: tudo o que limpa com suavidade é em pasta. Sim, eu encontrara um benefício exclusivo! E poderia prová-lo! Era só relacionar as coisas: creme dental é em pasta, graxa de sapatos é em pasta, cera de automóvel é em pasta. Por quê? Porque do contrário podem causar danos, e as pessoas sabem disso, sabem que "produtos em pasta" são delicados. Bastaria, então, despertá-las para essa percepção e associá-la a nosso produto. Fui almoçar. Quando voltei, levei um susto: minha sala estava tomada de gente. Na verdade, o sócio-diretor de criação da agência entrara lá, dera uma bisbilhotada em meu caderno e se encantara. E ele gritava, sacudindo o papel: "Esto és concepto! Concepto!" E me convidou para trabalhar na Espanha, o que, definitivamente, não estava nos meus planos. Viram? Uma simples constatação me valeu um convite para trabalhar na Europa. Eu disse constatação, e não idéia. Ou seja, ele viu em minha frase maturidade na preparação do terreno para o desenvolvimento do processo criativo. Por isso ficou tão empolgado. É fácil? É difícil? Bom, enquanto eu procurava a esmo uma idéia genial, parecia impossível. Mas no momento em que fui capaz de dar uma resposta conceitual ao problema, acredito que ficou mais fácil criar uma campanha. Não fiquei para ver, pois chegara a hora de voltar para casa. Na época, eu trabalhava na DPZ e aproveitara as férias para o estágio.

Nossa insegurança é nosso maior inimigo. E o que nos deixa inseguros? Muitas coisas. Uma delas, naturalmente, é a falta de experiência. Mas isso não impede que tenhamos boas idéias. Aí entra outra coisa para nos atrapalhar: a incerteza sobre a idéia que tivemos, a ponto de criarmos uma enorme barreira para a possibilidade de falar ou escrever sobre ela. Se superamos essa dificuldade, surge outra: em tese, por nossa inexperiência, por nossa idade, por não sermos famosos, o que dissermos, teoricamente, não será percebido como importante. É assim mesmo. O mercado sempre vai reagir de forma diferente ao mesmo conceito, expressado por um nome consagrado ou por alguém em início de carreira. É uma porcaria, mas é assim mesmo que acontece. Certa vez, logo que cheguei a São Paulo, trabalhava na campanha de lançamento do seguro-saúde de um banco importante. Num almoço com o cliente, em que estavam todos os envolvidos com o trabalho – planejamento, atendimento, *marketing* –, surgiu o comentário de que todos os clientes dos planos de saúde sempre perguntavam se poderiam usar o hospital Albert Einstein, considerado, digamos, o melhor do Brasil. Nesse momento, antes da garfada seguinte, perguntei com voz tímida: "Então, por que o banco não compra o hospital Albert Einstein e o oferece, com exclusividade, para os clientes de seu plano de saúde?" Silêncio, olhares, sorrisos amarelos. Naturalmente, eu não sabia, na época, que o hospital era uma fundação, em boa parte sustentada por doações e, provavelmente, não pudesse ser vendido. E ninguém na mesa tinha isso muito claro. A proposta deixou todos meio desnorteados, pois havia semanas buscava-se um diferencial no conceito de comunicação do produto, a fim de enfrentar a forte concorrência. O que eu, na minha inocência, propus, no entanto, não era um assunto para ser tratado naquele nível de "autoridade" – gerente de *marketing*, executivo de conta, diretor de criação –, encarregado, no máximo, de administrar dez milhões de dólares a serem investidos na compra de espaço na mídia para uma campanha publicitária. Eu falava, talvez, de quinhentos milhões de dólares, assunto para ser tratado com o dono do banco. Era muito dinheiro, mas representava um movimento de *marketing* de uma precisão definitiva. Se, claro, repito, fosse possível comprar o hospital. Provavelmente, muitas idéias com esse alcance e essa correção de raciocínio já ocorreram a centenas de jovens profissionais e, represadas pela insegurança, deixaram de ser expostas. Ou, quando expostas, ficaram restritas a um departamento da agência ou da empresa do cliente, despreparado para tratar com propostas tão ousadas. Provavelmente, se o dono da agência encontrasse o dono do banco num coquetel e lhe recomendasse: "Fulano, por que você não compra o Einstein e o oferece com exclusividade para os clientes de seu seguro-saúde?", e isso fosse mesmo possível, o projeto sofreria uma transformação dramática. E todo aquele almoço de pessoas que se supunham importantes viraria fichinha. O que eu gostaria que vocês tivessem em mente é o seguinte: não tenham medo de expor suas idéias se elas forem produto de uma observação atenta do problema; mantenham uma distância estratégica do trabalho burocrático e viciado que costuma gerenciar as questões de *marketing* e comunicação (não distância física, mas mental);

não temam levar a outras instâncias – diretores, vice-presidentes, presidentes, conselheiros ou acionistas – as idéias eficientes que tiverem e que forem ignoradas em determinado nível de decisão, em que as pessoas se sintam impedidas, pela limitação de poder de seus cargos, de se envolver com o problema com mais profundidade e independência. Lembrem-se: soluções não-convencionais nascem de posturas não-convencionais. Ou seja, se você "aceita" em seu íntimo as limitações da função ou do cargo que exerce, provavelmente seu esforço mental não se ocupará de ultrapassar essas fronteiras. Isso, por outro lado, é importante que se diga, não significa que você deva ser um chato que não pára de propor coisas estapafúrdias ou um esnobe que vive tentando provar que os outros são uns pobres-diabos cheios de limitações. A idéia gerada pela visão independente e atenta é sempre produto de uma postura humilde e simples diante dos fatos. Só assim se alcança o relaxamento necessário para que a criatividade flua, não necessariamente numa idéia para um texto que você, como redator, tenha de escrever ou numa concepção visual que você, como diretor de arte, precise propor, mas num raciocínio estratégico que lhe ocorra como profissional de criação.

Em 1995, um cliente de minha agência apresentou o seguinte problema: sua companhia aérea regional havia feito uma pesquisa entre os usuários das linhas que eles faziam e descoberto que sua dificuldade de captação de novos passageiros se dava pelo fato de operar com aviões turboélices. A concorrência usava jatos. Fiquei pensando se tal fato necessitava, enfim, de uma pesquisa para ser revelado. A verdade é que meu cliente pedia que desenvolvêssemos uma campanha de esclarecimento a respeito da qualidade de seus turboélices. Certo? Errado? Diante do pedido, não fiquei preocupado em julgar sua solicitação, mas comecei a pensar imediatamente no problema. Compreenderam? Dependendo do estágio de maturidade do cliente (e do seu, naturalmente), você pode olhar para um *briefing* como um indicativo de como deve agir ou deter-se no problema e sugerir um modelo de ação. Meu cliente me pedia uma campanha que enaltecesse seus turboélices, e isso, depois de uma detida análise do assunto, me pareceu inútil. E eu o disse a ele. Disse que não havia campanha no mundo que convencesse alguém a trocar uma viagem de jato por uma viagem de turboélice.

O que você acha? Bem, eu poderia ter desenvolvido uma dezena de anúncios de página dupla, coloridos, maravilhosos, demonstrando o quanto os turboélices são seguros, confortáveis, silenciosos e rápidos. Mas isso, por melhor que fosse feito, jamais convenceria alguém de que os turboélices são melhores do que os jatos. Historicamente, na cabeça das pessoas, está consolidado que o turboélice e o jato pertencem a momentos diferentes na evolução das aeronaves. Portanto, as pessoas receiam voar de turboélice porque, em sua percepção, eles representam um estágio anterior ao jato, embora isso nem sempre seja verdade.

Depois de alguma discussão construtiva, convenci meu cliente a dar um passo atrás em seu *briefing* e reconhecer, enfim, que seu objetivo maior era vender mais passagens e que a solução "turboélice é tão bom quanto jato" era apenas uma proposta que já pertencia ao terreno da estratégia, induzida pelo resultado de uma pesquisa. Ora, o resultado de uma pesquisa pode ser um alerta, antes de ser um indicativo de caminho a seguir. O cliente agarrara-se ao alerta e tentava atacá-lo diretamente, o que se revelaria inútil. A partir daí, nosso foco passou a ser fazer com que mais pessoas viajassem pela companhia. E aí surgiu o "pensar ao contrário" que me conduziria a uma solução realista do problema: enquanto o *briefing* do cliente se ocupava das pessoas que *não* viajavam pela companhia, ocupei-me em conhecer os motivos das pessoas que, *sim*, viajavam pela companhia.

Por quê? Simples: para mim eram claros, como publicitário e cliente de companhias aéreas, os motivos de, entre um turboélice e um jato, optar por viajar de jato. Minha curiosidade, portanto, passou a concentrar-se em saber por que diabos havia gente que fazia o oposto. Não foi difícil: nossos passageiros eram casuais; era gente que ou não tinha opção, ou perdera o jato e, então, precisando viajar assim mesmo, embarcava no nosso avião, muitas vezes descobrindo que se tratava de um turboélice já na pista. Tomava um susto, fazia a viagem por necessidade e nunca mais voltava. Decidindo que essa era, enfim, nossa oportunidade – o cara que perdeu o avião a jato e "caiu" dentro de nosso turboélice –, tratei de buscar uma forma de "prendê-lo" a nós. Sim, aquele negócio de que tanto se fala, como se fosse grande novidade, chamado fidelização. Vejam só: eu, redator, louco por um premiozinho, abria mão de uma campanha, esquecia o *briefing* do cliente e seguia uma lógica orientada pelo que me parecera mais natural, mais evidente. Quero dizer com isso que pensar publicidade não é apenas pensar um título inteligente para um anúncio de revista ou jornal ou um bom roteiro de comercial de televisão. Ou, ainda, um *out-*

door impactante ou um *spot* de rádio. É pensar uma estratégia. Antes, é ser capaz de perceber uma estratégia débil no *briefing*. Mas vocês dirão, com toda a razão: para isso é preciso experiência. Estou de acordo. Mas experiência, como a palavra diz, se conquista experimentando. E experimentar é pensar "ao contrário".

Então, como dizia, abandonei o *briefing* que me solicitava uma campanha para novos clientes e saí em busca de uma solução para fidelizar aqueles sujeitos que, por casualidade, acabavam viajando naquela companhia. Na verdade, o passageiro que *não* viajava comigo já sabia por quê. E aquele que viajava atribuía essa viagem a uma infeliz contingência, em que perdera o vôo de jato, por exemplo. Então, o que eu deveria fazer era demonstrar a esse passageiro casual que ele não era um sujeito sem sorte e que sua percepção negativa a respeito de viajar num turboélice de nossa companhia era apenas uma visão condicionada. Assim, o que eu tinha a fazer era mudar o foco de sua percepção, deixar registrada em sua mente alguma coisa positiva e contrastante com sua expectativa. O que acontecia até então com esse passageiro? A primeira coisa, ao ultrapassar a porta que dava acesso à pista, era "descobrir" nossas hélices. E, então, fazer o seguinte raciocínio: hélices = estágio anterior ao jato. Portanto, se o avião era a hélice, a comida devia ser ruim, a aeromoça devia ser feia e o piloto devia ser "barbeiro". Enquanto estivesse focado na hélice, essas seriam suas conclusões, já que voar de turboélice era um *downgrade* (uma queda na graduação de serviço). Isso significava dizer que a solução para o problema ou o caminho para a busca de uma solução deveria passar, necessariamente, por uma mudança do ícone que estabelecia o conceito que o passageiro fazia da companhia. Ou seja, tínhamos de substituir a hélice por outra coisa, em sua mente.

Não esqueçam que tudo começou com um pedido de anúncio. E terminou numa interferência no produto. O que eu buscava, exatamente, era um elemento que "substituísse" as hélices na memória de nosso passageiro casual e fizesse com que ele considerasse a hipótese de voltar a voar conosco, "apesar das hélices". Bom, para isso, primeiro avaliei as características de nossos vôos. Soube que nossas linhas ligavam, basicamente, duas capitais freqüentadas habitualmente por executivos e nosso outro destino importante interessava a fazendeiros. Teria de buscar alguma coisa representativa de qualidade para aqueles dois tipos de passageiro, algo a que atribuíssem valor e, ao mesmo tempo, fosse compatível com a capacidade de investimento de uma pequena companhia aérea regional. E, ainda, que fosse único, exclusivo, para que pudéssemos mostrá-lo com orgulho. Percebem, nesse raciocínio, a presença constante das perguntas que ainda não tinham sido feitas? O normal teria sido buscar uma resposta para a pergunta: por que *não* viajam conosco? A pergunta "ao contrário" foi: por que, *sim*, viajam conosco? Pergunta normal: o que podemos fazer para que quem não viaja conosco passe a viajar? Pergunta "ao contrário": o que podemos fazer para que quem viaja conosco continue a fazê-lo? Naturalmente, essa segunda pergunta ocorreu depois de conhecermos a resposta da primeira. Ou seja, viajava-se conosco por acaso. Portanto, tínhamos de aproveitar a oportunidade. A partir dessa constatação, minha preocupação mudou de "atrair" (uma tentativa) para "surpreender" (uma resposta). O *briefing* do cliente propunha "atrair", e meu raciocínio, depois de constatar a realidade, tratou de "surpreender". Surpreender com alguma coisa que, antes de tudo, fizesse com que nosso passageiro substituísse o foco "hélice" por uma coisa a que atribuísse mais "valor". Então, pensei: deve agradar a executivos ou fazendeiros, basicamente homens; eles precisam reconhecer o valor e, ainda, necessitam de algo exclusivo, que não se encontra em outra companhia. Com um detalhe: precisa estar ao alcance de nossa verba. Foi então que, num daqueles banhos de banheira, me ocorreu a idéia: uísque 12 anos! Sim, seríamos a primeira e única companhia aérea regional a servir uísque importado com 12 anos de envelhecimento a seus passageiros, coisa que nenhuma companhia aérea nacional fazia. Nosso passageiro casual, mesmo que não bebesse, saberia atribuir valor a uma garrafa de Johnny Walker Black Label. E nossos passageiros, de maneira geral, principalmente os que conheciam uísque, ao verem o carrinho de serviço trazido pela aeromoça com uma garrafa de uísque escocês em cima, imediatamente se esqueceriam das hélices, seu foco passaria a ser "uísque 12 anos" e sua associação não mais *downgrade* (para baixo – hélices), mas *upgrade* (para cima – uísque escocês 12 anos). E seu raciocínio, ao contrário do anterior, passaria a ser: "se o uísque é 12 anos (*top*), a comida deve ser boa, a aeromoça deve ser bonita e o piloto deve ser muito bem treinado". Apresentei a sugestão numa reunião de diretoria, e ela foi aprovada. Num anúncio, colocamos a foto de um copo de uísque servido com gelo, ao lado de uma garrafa de Johnnie Walker (Joãozinho Caminhador) e o título "Johnny Flyer" (Joãozinho Voador). No texto, explicávamos que a nossa era a única companhia aérea regional brasileira a servir uísque escocês 12 anos e que isso era apenas um detalhe de um serviço de bordo impecável.

Enfim, o que nos dá coragem para propor alguma coisa diferente daquilo que o cliente está pedindo? Experiência profissional, alguém poderia dizer num primeiro momento. No entanto, todo o meu raciocínio foi conduzido muito mais por uma postura de bom senso diante dos fatos do que pela prática de alguma regra técnica. Em nenhum livro de *marketing* ou publicidade está definido que "não se deve fazer uma campanha para convencer as pessoas de que é melhor viajar de turboélice do que de jato". Também em nenhum livro está escrito que a melhor solução para uma situação dessas é propor ao cliente que sirva um uísque 12 anos a seus passageiros. É claro que o fato de a proposta ter partido de um profissional experiente ajudou na aprovação. Mas é provável que, se ela não estivesse sustentada por uma lógica aceitável por qualquer pessoa, não seria suficiente para se transformar em bandeira de unanimidade da diretoria. Ou seja, a idéia fez mais do que convencer os profissionais que deveriam aprová-la: ela conquistou as pessoas "normais" que deveriam aprová-la. E então tornou-se incontestável.

Na verdade, numa análise mais distante, não foi difícil compreender que meu cliente viveu uma fantasia ao propor que fizéssemos uma campanha publicitária. Na falta de uma solução adequada e realista para o problema, saltou para o extremo oposto e permitiu-se "viajar", já que sonhar é grátis e, melhor ainda, não compromete. Como a idéia era do patrão, não foi difícil obter a adesão da diretoria. No entanto, no fundo, todos sabiam de sua inviabilidade, mas ninguém se sentia com autoridade para contestá-la. Esse papel, enfim, caberia a mim. Espera um pouco, o que tudo isso tem a ver com criação? Tudo. Porque não imaginem vocês que começarão suas carreiras em circunstâncias confortáveis, lidando com clientes organizados e tendo diante do nariz *briefings* cristalinos e racionais. O caso que estou narrando representa, seguramente, pelo menos setenta por cento dos problemas com que se defrontam os criativos brasileiros nas primeiras etapas de suas carreiras. Ou seja, têm de juntar "cacos", "remendar" informações, contestar "chutes" e, enfim, tentar fazer valer algum raciocínio que tenha "pé e cabeça". Bem, voltando ao caso, diante do *briefing*, levei em conta algumas coisas: 1) A verba do cliente era muito pequena, portanto não sustentaria uma campanha nos moldes que ele propunha. Assim, se eu me atirasse ao desenvolvimento dos anúncios, por melhores que fossem e por mais festivas que fossem suas apresentações ao cliente, em pouco tempo, ao entregar-lhe os custos, experimentaríamos todos uma bela frustração. E o tempo e o dinheiro que a agência tivesse investido na proposta iriam pelo ralo. Com a agravante de o cliente não ter obtido uma solução para seu problema. (Afinal, de nada adiantaria acusá-lo de ser o responsável por chegarmos a esse ponto com sua solicitação esdrúxula, pois a ele sempre caberá o direito de dizer que era nosso papel alertá-lo da irracionalidade de seu pedido.) 2) O problema em si, detectado pela pesquisa, era insolúvel dentro da dimensão da expectativa do cliente. Nenhuma campanha no mundo poderia revertê-lo, essa é que era a verdade. Faltava alguém dizê-la. Compreendo que não é fácil dizer ao cliente que seu problema não tem solução, inclusive porque sempre poderá aparecer um oportunista disposto a dizer o contrário e "bater-lhe a carteira". É mais ou menos como um médico dizer a seu paciente que a doença, embora não vá matá-lo a curto prazo, não tem cura e tudo o que a medicina pode fazer é tornar sua existência menos penosa. Talvez a comparação seja exagerada, mas é a que me ocorre agora. É nessas horas que entra em campo o caráter do profissional. Ou seja, é o momento em que ele decide o critério que vai conduzir sua relação com a profissão. Eu poderia levar-lhe dez anúncios e um plano de mídia de quinhentos mil reais. Ele poderia dizer que só tinha cinqüenta mil reais. E eu poderia "adaptar" o plano para cinqüenta mil reais, faturá-lo e ele que se danasse. Até porque, quem sabe, o anúncio ganhasse um prêmio por aí, trazendo prestígio para a agência. Mas, como vimos, não foi o caso. Com tudo isso, quero dizer que, às vezes, temos de rasgar o *briefing* para provar nosso "amor" pela causa do cliente. Se não tivesse feito o que fiz, estaria negando tudo o que escrevi até agora sobre envolvimento e paixão verdadeiros pelo trabalho.

Muitas vezes, nosso teste de paixão é muito mais o "não fazer" do que o "fazer". Mais ou menos como em nossos romances: envolver-se ou não com outra pessoa pode definir o grau da paixão por alguém com quem estamos no momento. A decisão que tomarmos vai definir a coerência de nosso discurso com nossos atos. Na verdade, esse "amor" pela causa do cliente é, acima de tudo, resultado de nosso encantamento pelo trabalho. E o que é, enfim, que tanto nos encanta nesse trabalho? O *marketing*? A publicidade? As agências? Os publicitários? Os meios de comunicação? Os comerciais de televisão? Na verdade, o encanto está no exercício da inteligência nessa "guerra" de estratégias e táticas, própria da competição pelo mercado de consumo. Se gostarmos disso, dessa oportunidade de "crescer" como seres pensantes, de treinar nosso raciocínio para funcionar com rapidez e precisão, se gostarmos de investigar para compreender com clareza, se tivermos uma sede insaciável de ver além da percepção condicionada, teremos sinalizadores bastante positivos de que escolhemos a profissão certa e de que vamos exercê-la com eficiência.

Quando brequei o *briefing* da companhia aérea regional e resolvi transformá-lo em outro, certamente fui movido por questões práticas, como a certeza de que o cliente não tinha verba para uma campanha. Mas não só por isso: eu também percebia ali um desafio maravilhoso. Senão, poderia ter pensando apenas: "Esse cliente não tem dinheiro para uma campanha, portanto não vou ganhar dinheiro com ele; então, não me interessa." Toda vez que somos submetidos a um problema, isso move nossa inteligência e, por isso, sempre ganhamos com ele. Lembram, lá no início, quando falei que os exercícios para a mente são tão importantes quanto os exercícios para o corpo? É isso aí. Portanto, o que fez com que me atirasse apaixonadamente à busca de uma solução "sob medida" para o problema foi uma necessidade incontrolável de pensar. Como um jogador de futebol que ama sua profissão. Ele não pode ver uma bola que já começa a fazer embaixadas, cabecear, fazer a bola escorregar pelo corpo, apará-la na nuca, com os braços abertos, como um equilibrista. Num primeiro momento, poderá parecer exibicionismo, mas, na verdade, é uma demonstração de seu envolvimento visceral com o futebol. E quanto mais ele praticar mais possibilidades criativas vai descobrir em sua relação com a bola, mais seguro vai se sentir. É por isso, inclusive, que os comentaristas esportivos dizem que "o craque tem intimidade com a bola".

É isso: intimidade. Essa é uma palavra-chave. Intimidade é mais do que conhecimento, é cumplicidade. E só um cúmplice envolve-se verdadeiramente com a busca de um objetivo. Quando se diz que "o craque tem intimidade com a bola", isso significa que ele tem domínio sobre ela e que, daqui para a frente, portanto, vai fazer com ela o que bem entender e, provavelmente, terá êxito em seus objetivos. Pelé, Garrincha e Maradona tinham intimidade com a bola, Senna tinha intimidade com os carros de corrida; Maria Ester Bueno tinha intimidade com a raquete e com a bola de tênis; por isso, foram campeões em suas especialidades. Em política, costuma-se dizer que se pode confiar no que dizem certas pessoas sobre os pensamentos do presidente, por exemplo, porque privam da intimidade dele. Ou seja, a intimidade estabelece a diferença. As pessoas podem dizer muitas coisas, mas só as que têm intimidade com o assunto estarão, de fato, dizendo algo verdadeiramente confiável. Quando se diz "em briga de marido e mulher não se mete a colher", por pior que seja ela, está se dizendo que nenhum de nós tem intimidade suficiente com um ou com o outro para superar a intimidade que eles têm entre si. Vocês mesmos, quando brigam com seus namorados ou namoradas e levam esse assunto para terceiros, sabem o exato momento em que a outra pessoa ultrapassa os limites de interferência e suas opiniões deixam de fazer sentido, exatamente por ela não ter a intimidade que vocês têm com seus parceiros. Como eu disse, intimidade é, além de conhecimento, cumplicidade. E esse é o estágio mais avançado de uma relação. Portanto, quando você passa a ter intimidade com o objeto de sua profissão, torna-se um especialista. Com todas as glórias que sua nova condição merece.

Ser especialista não significa, necessariamente, ser genial. Até porque gênios são raros. Além disso, a possível genialidade de alguém deve ser uma constatação da "comunidade profissional", e não um *status* a ser perseguido. O redator David Ogilvy é um gênio porque aplicou na criação publicitária uma percepção pessoal que só um observador sensível e interessado pode alcançar. Ao constatar que a linguagem publicitária era um "código", ainda que compreendido pelos consumidores, que não interagia com a "vida real" das pessoas, resolveu romper essa barreira e passou a tratar seu público-alvo "pelo nome". Criou um estilo, adotado mais tarde pelos mais importantes criativos publicitários do mundo. A iniciativa de Ogilvy foi importante porque "popularizou" a publicidade, levando-a a ser vista pelo consumidor não mais apenas como um vendedor tentando fazê-lo comprar alguma coisa, mas como uma referência de comportamento, exatamente por demonstrar estar fundamentada no comportamento ambicionado pelo público-alvo dos anunciantes. Ou seja, passou a externar os desejos não-expressos, mas profundamente arraigados na formação cultural das pessoas de um mesmo núcleo. Com a delicadeza própria de um gênio, Ogilvy, por exemplo, lembrava aos "Wright" que o sucesso dos "Scott" estava baseado em determinada decisão de consumo. Era a publicidade abandonando seu pedestal de "doutrinadora", a partir de uma posição de "sabedoria" acima da capacidade do mais comum dos mortais, e passando a fazer parte do cotidiano. Inclusive adotando as "imperfeições", ou seja, considerando os "defeitos" das pessoas normais. No caso dos "Wright" e dos "Scott", a publicidade baseava-se, em teoria, numa experiência real, que, talvez, deixasse orgulhosa determinada família e se propunha resolver a causa de qualquer "complexo de inferioridade" de outra, por meio de uma dica de consumo. As pessoas poderiam acreditar ou não nisso, mas, pelo menos, era alguma coisa mais próxima de suas realidades, o que, no caso de comunicação, será sempre um grande indicativo de sucesso.

O modelo Ogilvy está em vigor, com toda a força. E, de certa maneira, ele é um grande facilitador de nosso trabalho. Ao abandonar certos academicismos e nos ocupar de como é a vida real das pessoas, provavelmente nossa mensagem terá maior poder de comunicação. Parece lógico. Numa palestra, é bom saber com quem estamos falando, é bom saber alguma coisa de seus valores, será ótimo se os exemplos que usarmos fizerem parte de seu dia-a-dia. Isso vai gerar identificação com o que dizemos. Um anúncio não é muito diferente de uma palestra: temos uma mensagem e temos um público. Para que o auditório não comece a bocejar e a levantar e retirar-se é melhor que falemos coisas que lhe digam respeito, que mexam com suas emoções, que lhe ofereçam alguma possibilidade interessante. E para alcançar isso nada melhor do que demonstrar a conveniência do que dizemos para sua realidade mais palpável.

É preciso clareza para trabalhar com eficiência. Trabalhar sem informação precisa e organizada é, mais ou menos, como entrar em campo, no meio de uma partida de futebol, sem saber qual é seu time: você pode ser um craque com a bola nos pés, mas estará sempre sujeito a fazer gols maravilhosos... contra. No mínimo, a falta de clareza deve ser um sinalizador de risco ao qual deveremos estar sempre atentos e prontos a denunciar. Certa vez, uma indústria de alimentos do Nordeste do Brasil pediu-me uma campanha para o lançamento de seus flocos de milho, também conhecidos como cereais matinais, cuja marca mais tradicional é a Kellogg's. Eu poderia, muito bem, ter ido ao computador e começado a pensar em roteiros de comerciais. Mas alguma coisa me soava estranha ou, pelo menos, despertava minha curiosidade: com que "cacife" uma empresa brasileira regional pretendia bancar uma briga de mercado com a Kellogg's, ainda que num mercado regional? E fui atrás de informação. Entenderam? Não havia nada para criar, embora houvesse um pedido de criação, um produto, um mercado, inclusive, talento criativo para desenvolver um bom roteiro. Mas isso é, ainda, muito pouco para que alguma idéia seja eficaz. Catando informação aqui e ali, soube que, de fato, a indústria havia importado a mais moderna fábrica de *corn flakes* do mundo e a qualidade do produto estava confirmada por meio de pesquisas qualitativas (pesquisas em que são reunidos representantes de nosso *target* – público-alvo – para que experimentem nosso produto e o da concorrência e depois expressem suas opiniões), em que o consumidor colocava, praticamente, nosso produto em igualdade de condições com aquele desenvolvido pela Kellogg's e à frente dos flocos de milho da Nestlé. Eram informações de extrema relevância, que, porém, em nada garantiam que estaríamos em condições de fazer frente à tradição de marca da líder Kellogg's ou da Nestlé, que, apesar de relativamente nova no segmento, tinha seus oitenta e tantos anos de Brasil como necessária sustentação. Aliás, cá entre nós, já no início, ao colocar os olhos naquele pedido de trabalho, a história me pareceu uma loucura, desde o investimento de milhões de dólares numa fábrica desse porte até o nome e a embalagem do produto, uma imitação pobre da embalagem da marca líder, inclusive com os moranguinhos, provavelmente um tanto raros no Nordeste.

Continuei a cavar, a investigar, partindo do princípio de que todo o tempo que se aplique estudando o problema será economizado no trabalho prático de buscar uma solução. Em seguida, descobri que o Nordeste representava apenas 0,6% das vendas dos sucrilhos Kellogg's no país. Era, portanto, efetivamente, um mercado fraco para essa categoria de produto. Então, por que um investimento tão grande em tecnologia para um mercado tão pequeno? É claro que a idéia, no futuro, era distribuir o produto no país inteiro. Porém primeiro queriam-no forte "em casa". Mas por que acreditavam que um mercado em que a líder – praticamente sinônimo de categoria –, com toda a sua tradição de marca e seu investimento em publicidade, vendia tão pouco poderia ser receptivo a uma marca nova do mesmo produto? Parecia tudo muito inconseqüente. Aos poucos, porém, fui percebendo que o princípio que orientou a decisão do investimento em tecnologia estava certo. Onde estava o erro? Você falou *marketing*? Bingo!

Tentemos entender o que passava pela cabeça do cliente. É verdade que o milho é uma das principais fontes de alimentação das populações nordestinas. Os motivos: preço baixo e grande valor nutritivo. Logo, se de um lado não iria faltar milho a bom preço para produzir nosso *corn flake*, de outro não iriam faltar consumidores de milho para comprar nosso produto. Mais um detalhe: nosso cliente, durante muitos anos, produziu um produto tradicionalíssimo na região, os flocos de milho cozidos, cuja marca sempre foi líder. Ora, com tanto milho na história, pareceu que lançar o "nosso Kellogg's" ia ser uma barbada. Bastava comprar uma máquina "tão boa" quanto a da Kellogg's, embalar o produto numa embalagem parecida com a da Kellog's, aproveitar a força de distribuição do fabricante na região, colocar um preço compatível com o mercado e fazer publicidade. Pronto. Ledo engano. Eles esqueciam apenas de um detalhe: na percepção do consumidor, "milho é milho" e *"corn flakes* é Kellogg's". Um não tem, diretamente, nada a ver com o outro. Os poucos consumidores da região que levam sucrilhos Kellogg's para casa não o fazem pela força do milho, mas pela força da marca. É um negócio à parte. No entanto, ainda se poderia tentar colocar nosso produto como uma opção mais barata. O problema é que as pessoas que compram Kellogg's não reconhecem "valor" em outra marca. Isso por um lado. Por outro, para as pessoas que "compram preço", *corn flake* é um supérfluo que não faz parte de sua cultura de consumo.

Ao desenvolver uma embalagem "primo pobre" da Kellogg's para seu floco de milho, a indústria não se apresentou à altura da qualidade de seu produto no ponto-de-venda. E provocou efeito contrário: era a opção inferior. O raciocínio de desenhar uma embalagem semelhante à do líder é muito comum e reflete um oportunismo barato de gente pouco séria. Quando essa semelhança é reproduzida, ainda por cima, com poucos recursos e amadorismo, o resultado é desastroso. Nosso cliente não precisaria ter passado por isso. Ele tinha um produto de qualidade igual ao do líder. Só não soubera se posicionar. Diante do quadro finalmente definido a minha frente, comecei a trabalhar. Sim, essas coisas são como pontos de ferrugem em carro velho: você vai abrindo o que parece um furinho e descobre que o negócio é bem maior. Depois de muita conversa, chegamos à conclusão de que o cliente queria, na verdade, estimular a "modernização" do consumo do milho na região. Ou, então, acreditava que essa mudança cultural ocorreria de qualquer maneira e queria antecipar-se ao futuro. Muito bem. A recomendação: afaste-se o máximo possível de Kellogg's! O quê? O contrário? Sim. O consumo de Kellogg's no Brasil não é resultado de *upgrade* no consumo de milho ou seus derivados. Ou seja, as pessoas que hoje consomem *corn flakes* Kellogg's não consumiam, antes, milho em espigas ou fubá no café-da-manhã. Nem em São Paulo, nem na Paraíba. Provavelmente, nos Estados Unidos, o consumo de *corn flakes* tenha sido uma "evolução" na forma de consumir milho no café-da-manhã. Nas grandes capitais brasileiras, a introdução deu-se por uma "americanização" de hábitos, sem outro apelo racional senão a promessa de um desjejum mais rico e mais saudável, à base de milho ou não. Os americanos são fortes e vencedores, e não existe ícone mais poderoso do que esse. Daí o sucesso do produto e, em conseqüência, da marca que o introduziu no país.

Disse então ao cliente que deveria esquecer "Kellogg's" por dois motivos a que já me referi: 1) Quem consome Kellogg's consome marca, portanto não conseguiríamos tirar consumidores da Kellogg's, principalmente com uma embalagem que não passava de uma imitação "mais barata" do líder, apesar de seu produto ser "tão bom" quanto o da "Kellogg's"; 2) Quem não consome "Kellogg's" não consome *corn flakes* nem está familiarizado com a categoria, portanto, uma proposta alternativa à "Kellogg's" seria inútil.

Depois desse processo de desmantelamento de uma estrutura equivocada de raciocínio, apresentei minha proposta ao cliente. Minha, não. Na verdade, era apenas a formulação adequada para o *marketing* de uma decisão empresarial que ele já tinha tomado e cujo conceito estava correto. Ou seja, ele achava, e eu também, que era possível aumentar a demanda por *corn flakes* pela incorporação de novos consumidores a esse hábito alimentar. Ele também estava certo quando acreditava que seu produto poderia representar uma alternativa à maneira como as pessoas consumiam o milho e seus derivados: a tal da "modernização" do consumo. A estratégia estava correta. A tática, não. Ele queria competir com a Kellogg's e, por isso, criou um produto com um nome em inglês que remetia a *corn flakes*; chamou, enfaticamente, o produto de "cereal matinal", colocou uma foto com uma proposta semelhante à da Kellogg's em sua embalagem, inclusive com os morangos, e relegou sua marca (de fabricante) a segundo plano. Fez o que chamei de "primo pobre" da Kellogg's. Diferentemente, eu queria "desconhecer" Kellogg's. Isto é, eu queria falar com a nossa gente, que não tinha nada a ver com "Kellogg's" e tudo a ver com os flocos de milho cozidos que o cliente produzira e vendera, com folgada liderança, durante anos. Queria oferecer *corn flakes* a essa massa consumidora, mas de um jeito que ela entendesse. Para isso, eu precisava considerar duas coisas: 1) As pessoas confiavam em nosso nome, e não numa expressão em inglês, recém-inventada; 2) As pessoas não sabiam o que eram *corn flakes*, mas sabiam o que era milho, inclusive o que eram os "flocos de milho cozidos" com nossa marca.

Ora, pareceu-me muito mais natural que, na proposta de um produto novo, pegássemos uma carona, exatamente, nesse estágio de percepção já alcançado por nossa marca, em vez de começar do zero ou valer-nos do prestígio de uma marca líder, praticamente imbatível no segmento. Daí a proposta de tratar nosso produto "simplesmente" como uma extensão de linha, de um jeito que soasse absolutamente natural para nosso consumidor. Compreendem? Em vez de ir brigar no terreno do vizinho, eu propunha chamar nossos *corn flakes* apenas de uma variação na apresentação de um produto já conhecido e consagrado por nosso consumidor: os flocos de milho. Um dia, ele comprou a versão "cozidos"; agora nós lhe oferecíamos a versão "crocante". Sem susto, tudo muito natural.

Para isso, antes de mais nada, era necessário abandonar a embalagem "kellogueizada" e partir para uma nova versão que: 1) valorizasse mais o milho (a espiga) na composição com os floquinhos no prato. O motivo: diferentemente da Kellogg's, estava-se, efetivamente, vendendo milho num mercado onde o milho é valorizado; 2) substituísse os morangos, ficcionais, por alguma coisa mais palpável, como belas fatias de banana, por exemplo; 3) esquecesse o nome "americanizado" que vinha utilizando e que para nosso consumidor não significava nada ou, pior, distanciava-se dele, e passasse a usar nosso nome, conhecido e respeitado pelo consumidor que me interessava; 4) substituísse a expressão "cereal matinal", distante de meu consumidor, pela definição precisa "flocos de milho crocantes".

Eram recomendações um tanto radicais, que deixariam qualquer cliente zonzo. Com esse, não foi diferente. Mas o que, afinal, o deixava zonzo? Certamente não era o fato de ter de investir um bocado de dinheiro no negócio, coisa que ele já fizera, comprando tecnologia de ponta para a fábrica e pagando o desenvolvimento da embalagem, ainda que aí num critério mais amadorístico. Não importa: em sua cabeça, tinha feito o que tinha de ser feito, seguindo critérios que lhe davam uma relativa segurança. E que critérios eram esses? Critérios dos outros, da Kellogg's. Por isso, ele montou uma fábrica igual à da Kellogg's; tentou fazer uma embalagem igual à da Kellogg's. O que o deixou zonzo, na verdade, em minha proposta, foi a falta de uma referência tangível para se amparar. Eu dizia coisas que pareciam corretas, mas onde estava o histórico de sucesso de minha recomendação? Em contrapartida, ele olhava para a Kellogg's e via uma marca de sucesso indiscutível. Sem expressar diretamente, ele, no fundo, queria me dizer: "Quem é você para recomendar que eu 'ignore' a Kellogg's?" Em sua percepção do problema, a Kellogg's era o modelo real a ser seguido. E minha recomendação, quem sabe, fosse um delírio. Mas vejam que interessante: quem, na realidade, estava "ignorando" a Kellogg's, eu ou ele? Quando disse: "Vamos pegar esse produto igual ao da Kellogg's e posicioná-lo de outro modo, como extensão de nossa linha" (portanto, valorizando a força de liderança regional de nossa marca, e não criando uma nova marca, numa condição de "primo pobre" na categoria "Kellogg's"), o que eu estava fazendo na verdade era considerar seriamente a Kellogg's, a ponto de fugir do confronto. Já o cliente, ao desenvolver um produto igual ao da Kellogg's, colocá-lo numa embalagem pretensamente semelhante à da Kellogg's e tentar disputar espaço nas prateleiras dos supermercados com a Kellogg's, estava, sim, efetivamente, "ignorando" a Kellogg's. Isso não seria, enfim, muito mais arriscado?

O risco, claro, era bem maior. Mas, de início, a proposta era muito mais confortável. E que conforto era esse? O de poder dizer, diante do fracasso, que fez o melhor possível e foi derrotado por circunstâncias de mercado. Todos os envolvidos estariam isentos de maior responsabilidade, pois todos estiveram de acordo, diante de uma proposta convencional, embora suicida. Naturalmente, o projeto nunca saiu do papel, e o cliente acabou tendo de se virar no mercado institucional, participando de licitações governamentais para o fornecimento de merenda escolar. Aí, como vocês sabem, o negócio é outro e os profissionais de *marketing* são completamente dispensáveis.

Mas o valor dessa história está em que tudo começou com um pedido para criar um comercial de uma marca regional de *corn flakes*, com o objetivo de concorrer com a Kellogg's, e cuja única referência eram os comerciais da Kellogg's e toda a sua verba de produção e mídia. Assim como a companhia aérea regional, que trouxera uma enorme carga de "irrealismo" ao querer "provar" a superioridade dos turboélices sobre os jatos. Nessas circunstâncias, o "pensar ao contrário" passa a ser, além de uma determinação criativa, uma postura de bom senso. Numa atividade que prima pelo uso da inteligência, não podemos embarcar na canoa furada de um raciocínio completamente torto, apenas porque um funcionário do cliente achou por bem apresentar um projeto para justificar seu salário. Não pensem que situações como essas se restringem ao amadorismo do *marketing* de pequenos anunciantes. Há gigantescas corporações que incorrem em bobagens semelhantes. A diferença é que as bobagens praticadas nesse patamar costumam ser sustentadas com vasta documentação comprobatória da tese defendida, o que lhes dá certo ar de pertinência. E esta não é a única diferença: as grandes companhias podem apostar errado alguns milhões de dólares em suas tentativas furadas.

Nada disso, no entanto, deve interferir na maneira de o criativo olhar para os problemas. Grandes ou pequenos, os objetivos de *marketing*, quando estabelecidos com clareza e com a intenção de resolvê-los da maneira mais adequada, costumam apontar soluções conceituais, quase sempre caracterizadas pela simplicidade e pela naturalidade. Diferentemente do que possa parecer à primeira vista, "pensar ao contrário" é pensar simples.

Certamente, vocês já perceberam que, nos últimos parágrafos, saí do departamento de criação da agência, propriamente dito, onde redatores e diretores de arte criam as peças publicitárias, e fui para o planejamento, que, em algumas agências, é uma das atribuições do departamento de atendimento. Fiz isso para deixar claro que, ao falar do raciocínio criativo na publicidade, não estou me referindo apenas às atribuições dos funcionários do departamento de criação, mas a uma definição da atitude da agência e de todos os seus profissionais diante das questões apresentadas pelos clientes. Planejamento e criação, por exemplo, são apenas momentos distintos da atribuição criativa da agência. Isso é tão verdadeiro que houve um tempo em que era muito comum os profissionais de planejamento desenvolverem seus planos a partir de uma campanha já criada. Da mesma forma como, muitas vezes, a formulação da proposta criativa já nascia do raciocínio de planejamento desenvolvido. Particularmente, acho impossível criar sem planejar. Da mesma forma, acho impossível planejar algo válido sem imprimir pensamento criativo ao trabalho. Daí minha dificuldade em separar as duas coisas.

Por fim, pensar criativamente é, antes de tudo, pensar. Reagir à informação, sentir-se motivado pelas questões que surgem, sentir, naturalmente, uma necessidade íntima de achar uma solução. E essa é uma condição que alcançamos, antes de tudo, negando-nos a adotar uma postura passiva diante da vida. Trata-se de um inconformismo saudável e construtivo.

Criar é parir. Portanto, produto de inseminação. Da inseminação da sensibilidade pela informação nova, relíquia mais cara da capacidade de admirar. Cabe a nós não nos deixar amortecer pela rotina, não nos deixar anestesiar pelo condicionamento, não deixar morrer em nós o ímpeto original da busca. Para a frente, para cima, para sempre.